SV

suhrkamp spectaculum

Noah Haidle, geboren 1978 in Michigan, ist Dramatiker und Drehbuchautor und eine der interessantesten Stimmen des jungen amerikanischen Theaters. Er ist ein Meister des Dialogs, seine Stücke stellen existentielle Fragen mit schwarzem Humor und dem Wissen um aktuelle gesellschaftliche Entwicklungen. In Noah Haidles Stücken geht es um Liebe und Tod, um das Älterwerden und das Altsein, um Einsamkeit und Verlust – um ein ganzes Leben.

Dieser Band versammelt drei aktuelle Theaterstücke dieses produktiven Dramatikers: *Mr. Marmalade* wurde weltweit gespielt und machte Noah Haidle auch in Deutschland bekannt. Die Familiengeschichte *Lucky Happiness Golden Express* erzählt mit umwerfendem Witz und großer Leichtigkeit von der Illusion vom Glück. In *Ada und ihre Töchter*, einer Komödie für zwei Schauspielerinnen, lässt Haidle die Grenzen zwischen Realität und TV-Fiktion vorsätzlich und kunstvoll verschwimmen.

Noah
Haidle

Mr. Marmalade/
Lucky Happiness Golden Express/
Ada und ihre Töchter

Suhrkamp

Erstausgabe
Erste Auflage 2013

Satz: Hümmer GmbH, Waldbüttelbrunn
Druck: Druckhaus Nomos, Sinzheim
Umschlaggestaltung: Katja Bohlmann
Printed in Germany
ISBN 978-3-518-42412-4

MR. MARMALADE

Deutsch von Brigitte Landes

Personen

Lucy, 4 Jahre alt, hat eine lebhafte Fantasie
Mr. Marmalade, ihr imaginärer Freund, gut angezogen, hat nie Zeit für sie
Sookie, Lucys Mama, verlässt sich stärker auf Männer, als sie es verdienen
Emily, Babysitter, das erste Mädchen ihrer Klasse, das Busen bekommt
George, ihr Freund, ein Muskelprotz, Lederjackenträger
Larry, 5 Jahre alt, seine Handgelenke sind bandagiert, der jüngste Selbstmordversuch in der Geschichte New Hamptons
Bradley, Mr. Marmalades Personal Assistant, kann singen wie ein Engel
Ein Kaktus und eine Sonnenblume, sprechende Pflanzen
Ein Mann, ein One-Night-Stand

Anmerkung zur Besetzung: Ich denke, es geht mit sechs Schauspielern. Besser als mit sieben. Und auch wenn nichts über die Hautfarbe gesagt wird: Es sollten nicht alle weiß sein.

I.

Über die angespannte Beziehung zwischen Lucy und ihrem imaginären Freund Mr. Marmalade.

Ein Wohnzimmer in New Jersey. Es sollte nicht zu naturalistisch sein. Eher die Andeutung eines Zimmers als ein Zimmer. Lucy spielt mit Ken und Barbie. Sie trägt ein pinkfarbenes Tutu in zerschlissenem Zustand. Barbie trägt auch ein Tutu. Mr. Marmalade erscheint. Er ist schick angezogen. Anzug, Aktentasche, gute Schuhe.

MR. MARMALADE Guten Abend.

LUCY Ich dachte, du kommst nicht mehr.

MR. MARMALADE Ich habe mir noch was freigeschaufelt.

LUCY Halbe Stunde?

MR. MARMALADE Zehn Minuten.

LUCY Das ist nicht sehr viel.

MR. MARMALADE Mehr ging nicht. Nächste Woche wird es besser. Versprochen.

LUCY Dann lass uns anfangen.

MR. MARMALADE Was ist heute dran?

LUCY Familie.

MR. MARMALADE Verstehe. *Er öffnet seine Aktentasche und zieht ein Teeservice heraus. Tassen, Untertassen, Löffel.* Bist du bereit?

LUCY Komm mal hier runter.

Er setzt sich auf den Boden.

LUCY Möchtest du eine Tasse Kaffee?

MR. MARMALADE Haben wir schon angefangen?

LUCY Ja.

MR. MARMALADE Ich hätte gerne eine Tasse Kaffee.

Sie schenkt Kaffee ein.

LUCY Wie trinkst du ihn?

MR. MARMALADE Schwarz.

Sie löffelt Zucker in den Kaffee. Reicht ihm die Tasse.

MR. MARMALADE Ich sagte schwarz.

LUCY Ach so? Tut mir leid. Möchtest du noch eine Tasse?

MR. MARMALADE Ja, bitte.

LUCY Mist, wir haben keinen mehr. Soll ich noch einen aufsetzen?

MR. MARMALADE Mach dir keine Mühe damit.

LUCY Sicher?

MR. MARMALADE Bist du mir böse, Lucy?

LUCY Warum sollte ich dir böse sein, Schatz?

MR. MARMALADE Nicht im Spiel böse. Wirklich böse.

LUCY Ich bin nicht böse. Lass uns weitermachen. Die Zeit drängt.

MR. MARMALADE Okay.

LUCY Möchtest du noch Kaffee?

MR. MARMALADE Ich dachte, es gibt keinen mehr.

LUCY Ich habe hier noch eine frische Kanne.

MR. MARMALADE Gern.

Sie schenkt etwas Kaffee ein. Er nippt daran.

LUCY Wie findest du ihn?

MR. MARMALADE Köstlich.

LUCY Eine neue Mischung. Ich habe sie aus Peru einfliegen lassen.

MR. MARMALADE Wunderbar, Lucy.

LUCY Ich bin so froh, dass du von der Arbeit zurück bist. Du hast keine Ahnung, wie einsam es in diesem Haus ist.

MR. MARMALADE Das kann ich mir vorstellen. Es ist gut, zu Hause zu sein.

LUCY Warum berührst du mich nicht mehr?

SOOKIE *aus dem Off* Lucy!!

MR. MARMALADE Was?

LUCY Seit Wochen berührst du mich nicht mehr. Gibt es eine andere?

MR. MARMALADE Was? Nein. Sei nicht albern.

LUCY Ist es jemand aus dem Büro? Diese neue Assistentin?

SOOKIE *aus dem Off* Lucy!? Was machst du, Lucy?

LUCY Ich habe zu tun! *Zu Mr. Marmalade* Gibt es da eine andere?

MR. MARMALADE Natürlich nicht. Wie kannst du mich so etwas fragen?

LUCY Du bist bis spät nachts im Büro. Und wenn du nach Hause kommst, schaust du mich kaum an, geschweige denn, dass du mich berührst.

MR. MARMALADE Wenn ich nach Hause komme, bin ich müde. Ich bin erschöpft. Ich denke immer nur an schlafen. Ich habe kaum die Energie, mir das Essen in den Mund zu schieben.

LUCY Ausflüchte, alles Ausflüchte.

MR. MARMALADE Tut mir leid. Ich werde mich bessern. Weniger arbeiten. Wir machen Urlaub. Mexiko. Cabo San Lucas. Fünf Sterne.

LUCY Mexiko! Versprochen?

MR. MARMALADE Versprochen.

Sookie kommt in Slip und Stöckelschuhen. Sie hat zwei Kleider dabei.

SOOKIE Welches?

LUCY Mama, ich habe zu tun.

SOOKIE Was hast du zu tun?

LUCY Mr. Marmalade ist gerade aus dem Büro nach Hause gekommen und muss in fünf Minuten schon wieder weg, und ich würde es sehr begrüßen, wenn du uns in Ruhe lassen könntest.

SOOKIE Hallo, Mr. Marmalade.

MR. MARMALADE Hallo, Mutter.

LUCY Er hat »Hallo« gesagt.

SOOKIE Schönen Gruß zurück.

MR. MARMALADE So eine nette Frau, deine Mutter.

SOOKIE Welches Kleid soll ich anziehen?

LUCY Ich finde es sehr unhöflich von dir, reinzuplatzen, wenn ich Besuch habe. Entschuldige dich gefälligst bei Mr. Marmalade. Du weißt, wie kostbar seine Zeit ist.

SOOKIE Mr. Marmalade, es tut mir sehr leid.

MR. MARMALADE Überhaupt kein Problem. Ich verbringe gerne Zeit mit deiner Mutter.

LUCY Er nimmt deine Entschuldigung an. Ungern, muss ich dazusagen.

SOOKIE Vielleicht hat Mr. Marmalade einen Rat, welches Kleid ich anziehen soll.

MR. MARMALADE Ich bevorzuge das rote Kleid, obwohl ich mir vorstellen kann, dass alles an Ihnen toll aussieht.

LUCY Er mag das rote Kleid.

SOOKIE Ich auch. Danke, Mr. Marmalade. *Sie küsst Lucy auf den Kopf.*

Sookie geht ab.

MR. MARMALADE Kein Grund zu danken. Es schmeichelt mir, dass sie so viel Wert auf meine Meinung legt.

LUCY Wo waren wir?

MR. MARMALADE Mexiko.

LUCY Richtig. Cabo San Lucas.

MR. MARMALADE Fünf Sterne. Ein riesiges weißes Bett mit Kissen aus Straußenfedern. Männer in weißen Smokings halten die Sonnenschirme. Erstklassige Margaritas auf der Hotelveranda bei Sonnenuntergang.

LUCY Wann können wir los?

MR. MARMALADE Nächsten Monat. Sobald weniger zu tun ist.

LUCY Versprichst du, mich nicht anzuschwindeln?

MR. MARMALADE Ich verspreche, dich nicht anzuschwindeln.

LUCY Hand aufs Herz?

MR. MARMALADE Hand aufs Herz.

Sie schwören.

LUCY Ich wusste es. Schatz, tut mir leid, dass ich dich verdächtigt habe. Ich bin hier Tag und Nacht ganz allein. Meine Fantasie geht mit mir durch. Du hast keine Ahnung.

Sein Piepser geht. Das Geräusch schreckt ihn auf.

MR. MARMALADE Scheiße, mein Piepser.

LUCY Du gehst doch heute Abend nicht noch einmal ins Büro, Schatz?

MR. MARMALADE Nicht der Spiel-Piepser. Mein echter Piepser.

LUCY Nein!

MR. MARMALADE Ich muss los.

LUCY Zehn Minuten, hast du gesagt.

MR. MARMALADE Ja, ich weiß. Aber ich muss los.

LUCY Wann sehe ich dich wieder?

MR. MARMALADE Muss meinen BlackBerry checken. *Er schaut in seinen BlackBerry.* Diese Woche ist furchtbar. Vielleicht habe ich 45 Minuten am Donnerstag. Wir könnten Sushi essen. Bradley wird dich anrufen.

LUCY Du wolltest schon letzte Woche Sushi essen gehen.

MR. MARMALADE Ich weiß. Entschuldigung. *Er küsst sie auf den Kopf.* Ich muss los. Wiedersehen.

Er verschwindet.

LUCY Auf Wiedersehen.

Sookie kommt im roten Kleid.

SOOKIE Wie findest du es? *Sie dreht sich mit großer Geste.*

LUCY Ganz okay.

SOOKIE Wie finden Sie es, Mr. Marmalade?

LUCY Er ist nicht da.

SOOKIE Wo ist er?

LUCY Im Büro. Er ist ein sehr wichtiger Mann. Ich kann nicht von ihm erwarten, hier den ganzen Abend zu verbringen und Kaffee mit mir zu trinken.

SOOKIE Der Babysitter wird in einer halben Stunde hier sein. Kannst du so lange die Stellung halten?

LUCY Wer ist es?

SOOKIE Emily.

LUCY Oh, nee.

SOOKIE Du magst Emily.

LUCY Nein. Sie stinkt nach Zigaretten. Und sie redet nur über ihren Freund und wie ihre Titten wachsen.

SOOKIE Emily ist ein sehr nettes Mädchen, und ihr macht es euch schön.

LUCY Ich sehe nicht ein, wieso ich überhaupt einen Babysitter brauche.

SOOKIE Lucy, du bist vier Jahre alt.

LUCY Ich kann allein auf mich aufpassen.

SOOKIE Du bist zu jung, um allein auf dich aufzupassen.

LUCY Wer sagt das?

SOOKIE Ich sage das.

Es klingelt an der Tür.

SOOKIE Das besprechen wir später. Wie sehe ich aus?

LUCY Gut.

SOOKIE Gut oder sehr gut.

LUCY Ganz gut.

SOOKIE Danke für deine Unterstützung, Lucy. *Sie küsst sie auf den Kopf.* Kein Fernsehen, und um neun bist du im Bett. Hörst du?

LUCY Ja, Ma'am.

SOOKIE Gute Nacht, Liebes.

Sie geht.

LUCY Gute Nacht. *Lucy ist allein.*

II.

Über die Unterhaltung zwischen Lucy und Emily, der Babysitterin, in der sie über Mr. Marmalade und sein krankes Benehmen reden und darüber, wie Männer im Allgemeinen so sind, wenn man sie nicht zur Ordnung ruft.

Emily sieht fern und isst Popcorn aus einer großen Box. Lucy spricht mit einer Haarbürste, als wäre es ein Telefon.

LUCY *am Telefon* Jetzt bist du weg! Nein, ich kann dich wieder hören. Heute Abend? Nichts. Hänge so rum. Ich habe einen Babysitter. Ich weiß, unglaublich, oder? Nein. Sie ist okay. Ziemlich bescheuert. Sie raucht. Ihre Kleider stinken nach Zigaretten. Ich weiß, eklig, oder? Pubertät. Eine unangenehme Zeit, du hast Recht. Sie hat einen Freund. Jaa. Weiß ich nicht, ich frage sie mal. *Zu Emily* Hattest du schon Sex mit deinem Freund?

EMILY Was?

LUCY *am Telefon* Sie weicht der Frage total aus. Jaa. Jede Wette. Sie sieht nicht wie eine Jungfrau aus.

EMILY Mit wem sprichst du?

LUCY *am Telefon* Moment. *Zu Emily* Ich telefoniere. Würdest du mich bitte nicht unterbrechen. Danke. *Am Telefon* Sie unterbricht mich ständig. Ob ich was weiß? Wirklich? Reiß dich zusammen. Ich werde es ihr sagen. Du musst los? Sicher? Okay. Nein. Verstehe. Ciao. *Sie legt auf.*

EMILY Mit wem hast du gesprochen?

LUCY Kennst du nicht.

EMILY Mit Mr. Marmalade?

LUCY Woher kennst du Mr. Marmalade?

EMILY Wir hängen die ganze Zeit zusammen rum.

LUCY Stimmt gar nicht!!

EMILY Wir gehen manchmal ins Einkaufscenter zur Maniküre.

LUCY Mr. Marmalade geht nicht zur Maniküre!!!

EMILY Entspann dich. Wir waren nicht im Einkaufscenter. Deine Mama hat mir von ihm erzählt.

LUCY Was hat sie gesagt?

EMILY Dass er ein Versager ist.

LUCY Er ist sehr beschäftigt. Er ist ein sehr wichtiger Mann.

EMILY Egal, wie wichtig er ist. Er muss sich Zeit für dich nehmen.

LUCY Er will sich mehr Zeit für mich nehmen. Im Büro geht es gerade drunter und drüber.

EMILY Mein Freund George hat immer gesagt, er sei zu beschäftigt, um mit mir abzuhängen.

LUCY Was hast du gemacht?

EMILY Ich habe nicht mehr mit ihm geschlafen.

LUCY Hatte er dann mehr Zeit für dich?

EMILY Das kannst du aber glauben.

LUCY So mach ich das auch.

EMILY Schläfst du etwa mit Mr. Marmalade?

LUCY Ich glaube schon.

EMILY Entweder tust du es, oder du tust es nicht.

LUCY Dann tue ich es.

EMILY Ich will mit ihm sprechen.

LUCY Er ist in einer Sitzung.

EMILY Gib mir das Telefon.

LUCY Nein.

EMILY Gut. Ich habe mein eigenes Telefon. *Sie wählt auf ihrem Mobiltelefon.*

LUCY Du kennst nicht mal seine Nummer.

EMILY Hallo? Mr. Marmalade? Hier ist Emily. Hey, was gibt's?

LUCY Du sprichst gar nicht mit ihm.

EMILY Nein, sie ist hier. Ich weiß, sie kann einem ziemlich auf die Nerven gehen.

LUCY Das ist er gar nicht!!

EMILY Sie ist total in Sie verknallt.

LUCY *greift nach dem Telefon.* Halt die Klappe! Das bin ich nicht!

EMILY Sie will Sie heiraten und Kinder von Ihnen.

LUCY Stimmt gar nicht! *Lucy greift nach dem Telefon.* Hallo? Mr. Marmalade? Mr. Marmalade!

EMILY Er muss aufgelegt haben.

LUCY Du hast gar nicht mit ihm gesprochen.

EMILY Und ob.

LUCY HAST DU NICHT!

EMILY Okay. Entspann dich. Ich habe nicht mit Mr. Marmalade gesprochen. Herrgott.

LUCY Du kennst ihn überhaupt nicht.

EMILY Ich habe ihn noch nie gesehen, okay?

LUCY Okay.

EMILY Männer finden Eifersucht nicht besonders attraktiv, Lucy. Glaub mir.

Stille.

LUCY Komm, wir spielen Teeparty.

EMILY Ich will fernsehen.

LUCY Ich will Teeparty spielen.

EMILY Meine Lieblingssendung läuft.

LUCY Gerade läuft Werbung.

EMILY Dann guck ich eben Werbung.

LUCY Wofür, glaubst du, bezahlt dich meine Mama? Ich will die Teeparty.

EMILY Schon gut, schon gut.

LUCY Komm mal hier runter. *Lucy setzt sich auf den Boden.* Welchen Tee möchtest du?

EMILY Welchen hast du?

LUCY Earl Grey, English Breakfast, grünen Tee, Darjeeling Oolong.

EMILY Ich weiß nicht. Welcher ist gut?

LUCY Ich mag Darjeeling Oolong.

EMILY Ich nehme English Breakfast.

LUCY Der ist auch sehr gut. *Sie schenkt im Spiel Wasser ein, hängt einen imaginären Teebeutel in die Tasse.* Wie hättest du ihn gern? Ich nehme Milch und Zucker.

EMILY Klingt ziemlich gut.

LUCY Wunderbar. *Sie gibt Milch und Zucker dazu. Reicht ihn Emily, die ihn probiert.* Gut?

EMILY Gut.

LUCY Nicht zu süß?

EMILY Nein, richtig gut. *Emily trinkt den Rest des imaginären Tees.* Pass mal auf, ich geh mal für ein paar Minuten raus.

LUCY Aber wir feiern doch gerade eine Teeparty.

EMILY Ich habe meinen Tee ausgetrunken.

LUCY Aber ich habe Gurkensandwiches gemacht.

EMILY Tut mir leid. Ich bin nicht so gut im So-tun-als-ob.

LUCY Du willst rauchen.

EMILY Ich rauche gern mal nach dem Tee. Warum lädst du nicht Mr. Marmalade zu unserer Teeparty ein?

LUCY Er hat zu tun.

EMILY Ich bin in ein paar Minuten zurück, okay?

LUCY Gut.

Emily geht. Bradley taucht auf, Lucy sieht ihn nicht. Er ist genau so angezogen wie Mr. Marmalade. Schicker Anzug. Schuhe. Aktentasche. Er trägt eine riesengroße Sonnenbrille.

BRADLEY Lucy.

LUCY Hast du mich erschreckt, Bradley.

BRADLEY Entschuldigung.

Sie küssen sich auf die Wangen. Sehr erwachsen.

LUCY Was machst du hier? Ich habe nicht erwartet, vor Anfang nächster Woche etwas von dir zu hören.

BRADLEY Der Zeitplan hat sich geändert. Mr. Marmalade hofft, dass du am Wochenende Zeit hast.

LUCY Ich habe Zeit.

BRADLEY Hervorragend. Ich trage dich ein für Brunch am Sonntag.

LUCY Ich wollte gerade Tee trinken, möchtest du einen?

BRADLEY Das wäre reizend. Hast du zufällig Darjeeling Oolong?

LUCY Natürlich.

Bradley setzt sich.

LUCY *schenkt Tee ein.* Ich fürchte, ich habe keine frische Milch mehr.

BRADLEY Kein Problem. Ich habe welche. *Er öffnet seine Aktentasche und holt Milch heraus. Gießt ein.*

LUCY Danke, Bradley.

BRADLEY Sind das Gurkensandwiches?

LUCY Magst du eins?

BRADLEY Ja, bitte. *Er nimmt eins. Isst.* Nichts passt besser zu einer Tasse Tee als ein Gurkensandwich.

LUCY Ich weiß, was du meinst.

BRADLEY Wann würde es dir am Sonntag passen?

LUCY Jederzeit. Warum trägst du eine Sonnenbrille?

BRADLEY Weil UV-Strahlen schlecht für die Augen sind. Nie davon gehört?

LUCY Draußen ist es dunkel, Bradley.

BRADLEY Um wie viel Uhr am Sonntag?

LUCY Mittags.

BRADLEY *schreibt.* Sonntag. Mittag. Brunch mit Lucy. Hab's. Danke für den Tee und das Gurkensandwich, aber ich gehe jetzt besser zurück ins Büro.

Lucy greift nach der Sonnenbrille. Bradley hat ein riesiges Veilchen am rechten Auge.

LUCY Ach du lieber Gott!

BRADLEY Das ist nichts.

LUCY Hat er das getan?

BRADLEY Ich bin die Treppe runtergefallen.

LUCY Bradley, hat Mr. Marmalade dich geschlagen?

BRADLEY Es war ein Unfall. Eigentlich wollte er mich nicht schlagen.

LUCY Warum hat er dich geschlagen?

BRADLEY Ich bin selber schuld. Hab vergessen, seine Sachen aus der Reinigung zu holen, obwohl ich wusste, dass er ein wichtiges Geschäftsessen hat. Ich wusste, dass er seinen grauen Anzug braucht. Hab vergessen, ihn abzuholen. Alles nur mein Fehler.

LUCY Er hat dich wegen der Reinigung geschlagen.

BRADLEY Du hast keine Ahnung, wie viel Stress er hat.

LUCY Das ist keine Entschuldigung.

BRADLEY Du sagst es aber niemandem, ja?

LUCY Ich denke doch.

BRADLEY Nein! Tu es nicht, das musst du mir versprechen. Lucy, ich darf diesen Job nicht verlieren.

LUCY Es gibt wichtigere Dinge als deinen Job, Bradley.

BRADLEY Bitte, Lucy. Ich flehe dich an. Bitte sag es niemandem.

LUCY Gut. Mach ich. Aber es ist gegen meine Überzeugung, Bradley.

BRADLEY Danke, Lucy.

LUCY Aber wenn dir noch irgendwas zustößt, wenn er dir auch nur ein Haar krümmt, rufe ich die Polizei.

BRADLEY Wird nicht wieder vorkommen. Es wird ruhiger. Dann hat er weniger Stress.

LUCY Nimm mich mal in den Arm, Bradley.

BRADLEY *nimmt Lucy in den Arm.* Also, ich muss wieder zur Arbeit. *Er setzt seine Sonnenbrille auf.* Du bist notiert für Sonntagmittag zum Brunch.

LUCY Pass auf dich auf, Bradley.

BRADLEY Mach ich.

LUCY Bradley?

BRADLEY Ja?

LUCY Hat Mr. Marmalade irgendwas von Mexiko erwähnt? Flugtickets? Hotelbuchungen?

BRADLEY Kein Wort.

LUCY Ach.

BRADLEY Manchmal macht er besonders wichtige Reservierungen selbst.

LUCY Er hat sich bestimmt schon darum gekümmert.

Emily kommt herein.

EMILY *sieht Bradley nicht.* Ist Mr. Marmalade zur Teeparty gekommen?

LUCY Nein. Sein Personal Assistant. Bradley.

EMILY Er hat seinen Personal Assistant geschickt?

BRADLEY Ist das dein Babysitter? Das ist ja übel.

LUCY Mr. Marmalade war zu beschäftigt, um selbst zu kommen. Er steht beruflich enorm unter Druck.

EMILY Wie ist Bradley? Ist er süß?

BRADLEY Ich sehe grässlich aus! Du hättest mich vor zehn Jahren sehen sollen.

LUCY Ich mache mir Sorgen um ihn. Bradley passt nicht auf sich auf.

BRADLEY Vielleicht nicht wie früher, aber ich versuche, fit zu bleiben.

EMILY Was meinst du damit, er passt nicht auf sich auf? Wie kann ein Personal Assistant, der nur in der Fantasie existiert, nicht auf sich aufpassen?

LUCY Er hat keine Selbstachtung. Er wird herumkommandiert.

BRADLEY Das ist nicht fair, Lucy. Das ist nur die halbe Wahrheit.

EMILY Klingt sehr danach, als bräuchte er einen neuen Chef und du einen neuen Freund.

LUCY Bald wird weniger zu tun sein. Und dann muss sich Bradley nicht mehr ständig aufreiben, wie er es die ganze Zeit über macht.

BRADLEY Danke, Lucy. Auf Wiedersehen.

Er verschwindet.

EMILY Als ich so alt war wie du, habe ich gern Schlangestehen gespielt.

LUCY Wie spielt man Schlangestehen?

EMILY Du stellst dich einfach in eine Warteschlange und tust so, als wartest du auf etwas. Ich habe immer gern auf den Bus gewartet.

LUCY Das klingt nicht besonders lustig.

EMILY Willst du es ausprobieren?

LUCY Ich denke, ja.

EMILY Hier, stell dich hinter mich.

Sie stehen in der Schlange.

EMILY Worauf wartest du?

LUCY Auf den Metzger.

EMILY Nein. Wir sind an der Bushaltestelle. Auf welchen Bus wartest du?

LUCY Auf die Nummer sieben.

EMILY Es gibt keine Nummer sieben, Lucy.

LUCY Dann wird das vermutlich eine ziemlich lange Warterei.

EMILY Ich möchte dir ja nicht zu nahe treten, aber du bist nicht besonders gut im Schlangestehen.

Es klingelt an der Tür.

LUCY Wer ist das?

EMILY Das ist George, mein Freund.

LUCY George darf eigentlich nicht herkommen.

EMILY Jetzt ist er halt da.

LUCY Ihr beide habt dann Sex!

EMILY Wir machen unsere Matheaufgaben. *Sie schminkt sich die Lippen und richtet hektisch ihre Haare.* Wie sehe ich aus?

LUCY Easy.

EMILY Gut. *Sie schiebt ihre Brüste nach oben, damit sie größer aussehen. Es klingelt noch einmal.* Komme! Ich komme schon! *Öffnet die Tür.*

George platzt herein.

GEORGE Hallo, Hübsche. *George gibt ihr einen dicken Kuss. Er zwingt sie ins Hohlkreuz. Grabscht ihr an die Brüste.*

EMILY George!

GEORGE Ruhe, du liebst das.

EMILY Das Kind.

GEORGE Scheiße. Hallo, Kind. Lucy, richtig?

Lucy sagt nichts.

GEORGE Ich hab eine Überraschung für dich, Lucy. *Ruft.* Larry!

EMILY Du hast Larry mitgebracht?

GEORGE Meine Alten sind beim Bridgespielen. Ich muss auf diesen blöden Scheißer aufpassen. *Ruft.* Larry!

Larry kommt schüchtern herein. Er ist fünf Jahre alt.

GEORGE Larry. Lucy. Lucy, Larry. *Er nimmt Emily hoch und legt sie sich über die Schulter.* Viel Spaß, Kinder.

George trägt Emily nach oben. Emily quietscht in vorgetäuschtem Protest.

LUCY Mach die Tür zu. Es ist kalt.

Larry macht behutsam die Tür zu.

LUCY Ich bin Lucy.

LARRY Ich bin Larry.

LUCY Angenehm. *Sie küsst ihn auf die Wangen.*

LARRY Was machst du da?

LUCY So begrüßt man sich.

LARRY Vielleicht in Europa.

LUCY Auch in New York.

LARRY Ich lebe weder da noch dort. Hier ist New Jersey.

LUCY Gut. Entschuldigung. Ich wollte dich nicht ärgern.

LARRY Du hast mich nicht geärgert. Es war ungewohnt, mehr

nicht. Das ist ein Unterschied. *Larry küsst sie auf die Wangen.*

LUCY Hey!

LARRY *geht im Zimmer herum.* Hübsch hier.

LUCY Ganz okay.

LARRY Hier wohnst du also mit deinen Eltern und so weiter?

LUCY Nur ich und meine Mami. Mein Vater hat sich von meiner Mutter scheiden lassen, als ich zwei war oder so.

LARRY Meine Eltern sind auch geschieden.

LUCY Wirklich?

LARRY Aber mein Vater hat wieder geheiratet. Deshalb habe ich eine Stiefmutter. Und sie hatte von früher noch George, deshalb habe ich jetzt eine Stiefmutter und einen Stiefbruder. Hast du noch Geschwister?

LUCY Nein. Nur mich.

LARRY Das ist besser. Mehr Zeit für dich.

LUCY Du magst George nicht?

LARRY George ist ein Arschloch.

LUCY Aber es ist jemand da. Jemand, mit dem du spielen kannst.

LARRY Wir spielen nicht. Er schlägt mich dauernd zusammen. Das nervt.

LUCY Das ist schlimm.

LARRY Es ist besser, allein zu sein. Glaub mir.

LUCY Wahrscheinlich hast du Recht. Aber manchmal bin ich einsam.

LARRY Ich bin nie einsam.

LUCY Nein?

LARRY Nein. Ich hasse es, unter Leuten zu sein. Ich wäre lieber die ganze Zeit allein.

LUCY Ich bin die ganze Zeit allein.

LARRY Wir sollten unsere Leben tauschen. Wie in diesem Film.

LUCY Genau.

LARRY Was macht dich einsam?

LUCY Ich weiß nicht. Vieles.

LARRY Was?

LUCY Ich weiß nicht, was. Eben einsam sein.

LARRY Man kann allein sein und nicht einsam.

LUCY Ich nicht.

LARRY Du solltest es lernen. Dann wärst du viel glücklicher.

LUCY Danke für den Tipp.

LARRY In welche Schule gehst du?

LUCY Ich gehe noch nicht in die Schule.

LARRY Ich habe gerade die Vorschule hinter mir.

LUCY Wie war es?

LARRY Ganz okay.

LUCY Ich kann es kaum erwarten, in die Schule zu kommen.

LARRY Genau, das ist ziemlich cool.

LUCY Cool.

LARRY Ich muss die Klasse wiederholen.

LUCY Warum?

LARRY Sie sagen, ich habe nicht genug Freunde.

LUCY Wahrscheinlich findest du nächstes Jahr mehr Freunde.

LARRY Ich habe gerade eben gelogen.

LUCY Vorschule ist nicht cool?

LARRY Doch schon. Als ich gesagt habe, ich habe keine Freunde, das stimmt, aber deswegen muss ich die Vorschule nicht wiederholen.

LUCY Was ist der wahre Grund?

LARRY Bagatelldelikt.

LUCY Was ist Bagatelldelikt?

LARRY Ab und zu klauen. Die Bullen nennen es so. Bagatelldelikt.

LUCY Was hast du geklaut?

LARRY Eine Sparbüchse in Hasenform. Zwischen den Ohren war ein Schlitz, in den haben wir Geld gesteckt, damit wir am Ende des Jahres eine Pizza-Party feiern können. Aber ich habe die Hasensparbüchse geklaut und das ganze Geld ausgegeben.

LUCY Und die Pizza-Party?

LARRY Wurde abgesagt.

LUCY Und wofür hast du das Geld ausgegeben?

LARRY Schokolade.

LUCY Ich liebe Schokolade!

LARRY Ich hab so viel gegessen, bis ich gekotzt habe.

LUCY Das hab ich auch mal gemacht.

LARRY Jedenfalls ist das der wahre Grund, warum ich die Vorschule wiederholen muss, und ich wollte dir einfach die Wahrheit sagen. *Er zieht seine Jacke aus. Seine Handgelenke sind bandagiert.*

LUCY Was ist das?

LARRY Ein Verband.

LUCY Weshalb?

LARRY Schnitte.

LUCY Wie kommen Schnitte an deine Handgelenke?

LARRY Noch ein Grund, warum ich die Vorschule wiederholen muss. Ich habe versucht, mich umzubringen.

LUCY Ah. Ich hab noch nie jemanden kennengelernt, der versucht hat, sich umzubringen.

LARRY Du bist gerade dabei.

LUCY Cool.

LARRY Im Krankenhaus haben sie gesagt, ich wäre der jüngste Selbstmordversuch in der Geschichte New Jerseys. Die Schwestern haben ein Foto von mir gemacht und am Empfang aufgehängt.

LUCY Warum hast du versucht, dich umzubringen?

LARRY Alle sagen »Genieße die Kindheit, solange sie dauert«, aber ich ticke anders, ich »genieße« sie überhaupt nicht. Ich bin nicht dazu bestimmt, glücklich zu sein, ich denke immerzu, wie elend das Leben ist. Wie viel Leiden es auf der

Welt gibt und dass es dafür anscheinend überhaupt keinen Grund gibt. Ich dachte, wenn das der sorgenfreie Teil meines Lebens sein soll, dann will ich den Teil gar nicht kennenlernen, der schwierig sein soll. Dann hab ich mir eines Morgens vor Schulbeginn meine Handgelenke mit Georges Rasierklinge aufgeschlitzt. Aber meine Stiefmutter hat mich gefunden. Leider.

LUCY Meinst du, du versuchst es noch mal?

LARRY Ich weiß nicht. Vielleicht. Falls ich es tue, kannst du zu meiner Beerdigung kommen.

LUCY Ich war noch nie auf einer Beerdigung.

LARRY Ich habe schon alles geplant. Es wird das traurigste Ereignis in der Geschichte Amerikas. Vielleicht sogar der Welt. Ich werde Harakiri machen wie die Samurai in Japan, und mein Sarg wird noch offen sein, und es gibt gutes Essen wie Erdnussflips und Kakao, und alle fangen an zu weinen und stellen sich vor, wie großartig mein Leben hätte sein können. Wirst du weinen? Bei meiner Beerdigung? Wenn alle anderen auch weinen?

LUCY Ich kann's versuchen.

LARRY Mehr kannst du nicht tun. Streng dich an. Das sagt meine Stiefmutter immer.

LUCY Willst du Doktor mit mir spielen?

LARRY Ich weiß nicht. Wie geht das?

LUCY Ganz einfach. Du bist der Patient und ich der Arzt. Ich untersuche dich, um zu sehen, was dir fehlt.

LARRY Aber mir geht es gut.

LUCY Ich weiß. Es ist nur ein Spiel.

LARRY Okay.

LUCY Zieh dein Hemd aus.

LARRY Nein!

LUCY Wie soll ich dich untersuchen, wenn du das Hemd anhast?

LARRY Weiß ich nicht.

LUCY Zieh es aus.

LARRY Gut. *Er zieht es aus.*

LUCY Was fehlt dir?

LARRY Nichts. Mir geht es gut.

LUCY Ich versuch es noch mal, okay? Was fehlt dir?

LARRY Meine Handgelenke sind irgendwie wund.

LUCY Nicht, was dir wirklich fehlt. Im Spiel.

LARRY Oh, ich habe Schmerzen in der Brust.

LUCY Das ist was Ernstes. Ich muss dich abhören.

LARRY Okay.

LUCY *hört Larrys Brust ab.* Vielleicht brauchst du eine Herztransplantation.

LARRY Eine Herztransplantation!

LUCY Hast du eine Krankenversicherung?

LARRY Nicht, dass ich wüsste.

LUCY Ich fürchte, dann kann ich nichts für dich tun.

LARRY Aber dann sterbe ich.

LUCY Davon ist auszugehen.

LARRY Das ist eine himmelschreiende Ungerechtigkeit.

LUCY So ist das Gesundheitssystem in diesem Land. Was machst du jetzt?

LARRY Moment mal. Ich habe eine Krankenversicherung. *Er zieht eine imaginäre Karte heraus.*

LUCY Wunderbar! Dann besorgen wir dir ein neues Herz.

Sie machen eine rasche Herztransplantation.

LUCY Wie ist das neue Herz?

LARRY Ich habe keine Brustschmerzen mehr.

LUCY Du bist wieder vollkommen genesen. Würdest du bitte deine Hose ausziehen?

LARRY Was?

LUCY Ich muss dich untersuchen. Eine postoperative Sache.

LARRY Du hast mein Herz transplantiert, Lucy, ich verstehe nicht, was meine Hose damit zu tun hat.

LUCY Nenn mich Doktor, bitte. So geht das Spiel, Larry. Ich bin der Arzt und du der Patient. Zieh deine Hose aus.

LARRY Okay, okay. *Er zieht seine Hose aus. Er trägt Kleine-Jungs-Unterwäsche, am besten rote.*

LUCY Husten.

Larry hustet. Lucy steckt ihre Hand in seine Hose.

LUCY Husten.

LARRY *hustet.* Bist du sicher, dass man so Doktor spielt?

LUCY Ganz sicher.

LARRY Als ich im Krankenhaus war, war es anders.

LUCY Das hier ist eine Privatpraxis. *Sie nimmt ihre Hand aus der Hose.* Meine Untersuchung ist abgeschlossen. Dein Zustand scheint sehr gut zu sein. Ich hoffe, die Herztransplantation verhilft dir zu einem langen Leben.

LARRY Danke, Doktor.

LUCY Jetzt tauschen wir. Du bist jetzt Arzt und ich Patient. *Sie legt sich hin.*

LARRY Okay.

LUCY Herr Doktor, ich habe Schmerzen.

LARRY Wo tut es weh?

LUCY Überall. Sie müssen mich von Kopf bis Fuß untersuchen. *Larry beginnt, sie zu untersuchen.*

III.

Über zahllose Nöte, die Lucy wegen ihrer imaginären Freunde, wenn man sie überhaupt als solche bezeichnen kann, erduldet hat.

Lucy und Larry liegen, in eine Decke gewickelt, auf der Couch. Lucy beobachtet Larry, der schläft. Sie streicht mit der Hand über sein Haar. Bradley taucht auf. Er geht an Krücken. Sein Arm ist in einer Schlinge. Er hat zwei blaue Augen, seine Nase blutet. Er ist in einem wirklich schlechten Zustand.

LUCY Bradley!

BRADLEY Ach, Lucy.

LUCY Es ist nicht so, wie es aussieht.

BRADLEY Wie konntest du?

LUCY Es ist zufällig passiert. Wir haben Doktor gespielt –

BRADLEY – du hast Doktor mit ihm gespielt?

LUCY Ich war einsam. Und er ist so ein süßer Junge. Er hat versucht, sich umzubringen, weil er findet, das Leben sei sinnlos.

BRADLEY Mr. Marmalade wird nicht sehr erfreut sein.

LUCY Er braucht es nicht zu erfahren.

BRADLEY Er hat ein Recht darauf, es zu erfahren. Weißt du, warum er mich hergeschickt hat?

LUCY Nein.

BRADLEY *öffnet seine Aktentasche und holt eine herzförmige Schachtel Pralinen heraus.* Er wollte, dass ich dir das bringe.

LUCY Pralinen!

BRADLEY Lies die Karte.

LUCY Ich kann noch nicht lesen.

BRADLEY Ich lese dir vor. *Liest.* »Liebste Lucy, jeder Augenblick, den ich nicht bei dir bin, bricht mir das Herz. Alles Liebe, Mr. Marmalade«. Und so dankst du es ihm! *Er zerreißt den Zettel.*

LUCY Du darfst es Mr. Marmalade nicht sagen, Bradley. Ich habe auch niemandem gesagt, dass er dich geschlagen hat.

BRADLEY Es war ein Unfall.

LUCY Und das hier ist auch einer. Bitte, Bradley. Bittebittebittebitte.

BRADLEY Gut. Ich werde es ihm nicht sagen.

LUCY Danke, Bradley.

BRADLEY Es darf nicht wieder vorkommen.

LUCY Kommt nicht wieder vor.

BRADLEY Du bedeutest Mr. Marmalade so viel. Die Besuche bei dir sind das Schönste an meinem Job. Ich fänd's schrecklich, wenn sich daran etwas ändern würde.

LUCY Ich weiß. Du hast Recht. Ich weiß nicht, was ich mir dabei gedacht habe.

BRADLEY Gut. Da bin ich erleichtert. Wir machen alle Fehler. Jeder verdient eine zweite Chance.

LUCY Danke, Bradley.

BRADLEY Mr. Marmalade fragte außerdem, ob er den Brunch am Sonntag auf zwei Uhr verlegen kann.

LUCY Zwei Uhr ist gut.

BRADLEY Fein. Ich notiere es. *Er notiert es.*

LUCY Was ist mit dir passiert, Bradley?

BRADLEY Skiunfall.

LUCY Du siehst nicht so gut aus.

BRADLEY Du solltest erst mal den Baum sehen, gegen den ich geknallt bin.

LUCY Ist auch bestimmt alles okay?

BRADLEY Natürlich.

LUCY Du würdest mir sagen, wenn es nicht so wäre, oder?

BRADLEY Klar würde ich das.

LUCY Pass auf dich auf, Bradley.

BRADLEY Du auch, Lucy.

Er verschwindet. Sie wartet, dass Larry aufwacht. Er wacht nicht auf. Sie hustet. Nichts. Sie lässt etwas mit lautem Knall auf den Boden fallen. Larry wacht sofort auf.

LARRY Hallo.

LUCY Hallo.

LARRY Hast du geschlafen?

LUCY Nein.

LARRY Ich habe geschlafen wie ein Baby.

LUCY Du musst gehen.

LARRY Was?

LUCY Du musst jetzt weggehen.

LARRY Warum?

LUCY Weil ich es sage.

LARRY Das ist kein Grund.

LUCY Doch.

LARRY Hab ich was falsch gemacht?

LUCY Nein. Ich kann es nicht erklären. Entschuldigung. Du musst einfach gehen.

LARRY Sofort?

LUCY Sofort.

LARRY Okay. *Er steht auf und zieht seine Kleider an.* Kann ich dich wiedersehen?

LUCY Nein.

LARRY Hast du einen Freund oder so was?

LUCY So was.

LARRY Ach.

LUCY Was?

LARRY Ich wollte einfach dein Freund sein, mehr nicht.

LUCY Du kannst nicht mein Freund sein.

LARRY Okay. Nein. Ich verstehe. Nur –

LUCY Was?

LARRY Nichts.

LUCY Was ist?

LARRY Nur ... Ich weiß nicht. Ich war noch nie so glücklich wie gerade jetzt.

LUCY Echt?

LARRY Ja. Es tut mir leid, ich gehe.

LUCY Nein. Du kannst noch einen Augenblick bleiben. Was hast du gesagt?

LARRY Ich meinte, ich weiß nicht, ob ich jemals zuvor so glücklich war. Weißt du noch, als ich vorhin gesagt habe, dass ich nie einsam wäre? Das war gelogen.

LUCY Du lügst ziemlich viel.

LARRY Ich bin die ganze Zeit einsam. Immer. Mein ganzes Leben lang. Deshalb habe ich versucht, mich umzubringen. Und jetzt bin ich nicht einsam. Ich bin glücklich.

LUCY Ich bin auch glücklich mit dir, Larry.

LARRY Wo ist dann das Problem?

Bradley erscheint an seinen Krücken. Es ist wichtig, dass Larry ihn nicht sieht.

LUCY Es ist kompliziert.

LARRY Nein, einfach.

LUCY Larry, du verstehst nicht, wovon du redest. Du musst jetzt sofort gehen, okay?

LARRY Du willst nicht, dass ich dein Freund bin?

LUCY Nein, tut mir leid.

LARRY Verstehe. Nein, ich verstehe nicht. Aber ich werde gehen.

LUCY Ich hätte mit dir nicht Doktor spielen dürfen. Ich hätte dich nicht anstiften sollen.

LARRY Ja. Okay. Vielleicht trifft man sich in der Schule.

LUCY Ja. Bis zur Schule dann.

Er ist weg.

LUCY Bist du zufrieden?

BRADLEY Sei mir nicht böse, Lucy. Ich mache nur meinen Job.

LUCY Ich rede jetzt nicht mit dir, Bradley.

BRADLEY Lass uns bei einer Tasse Tee alles besprechen. Hast du Tee?

LUCY Eben ausgegangen.

BRADLEY Ich habe vielleicht welchen.

Er will seine Aktentasche öffnen, aber Lucy knallt die Tasche wieder zu.

LUCY Du sollst gehen, Bradley.

BRADLEY Wir müssen unsere Geschichten abstimmen, Lucy. Mr. Marmalade wird fragen, wo ich war, und wenn unsere Geschichten nicht zusammenpassen, dann krieg ich genauso große Schwierigkeiten wie du, das verspreche ich dir. Wahrscheinlich größere.

LUCY Sag ihm die Wahrheit.

BRADLEY Sei nicht albern. Ich werde ihm sagen, es ging dir nicht gut, und ich habe dir Hühnersuppe gekocht.

George kommt die Treppe herunter, triumphierend, gefolgt von Emily.

GEORGE Komm her, ich brauche einen Babysitter. *Er kneift sie. Sie kichert.*

BRADLEY Okay, Lucy? Bitte.

EMILY Nicht vor Lucy.

GEORGE Hey, Lucy.

LUCY Hallo.

BRADLEY Es ging dir nicht gut. Ich hab dir Hühnersuppe gekocht.

LUCY *zu Bradley* Gut.

GEORGE Bist du mit Larry klargekommen?

LUCY Ja. Er ist ein sehr süßer Junge.

GEORGE Wo ist der kleine Hosenscheißer?

LUCY Er ist gegangen.

GEORGE Was meinst du mit gegangen?

LUCY Ich habe ihn gebeten zu gehen, und er ist gegangen. Anders als gewisse Leute.

BRADLEY Vergiss nicht, was wir vereinbart haben. Tschüss, Lucy.

Bradley verschwindet.

GEORGE Mach keine blöden Witze.

LUCY Nein.

GEORGE Meine Eltern bringen mich um. Er ist selbstmordgefährdet, Mensch.

LUCY Er war selbstmordgefährdet. Jetzt nicht mehr.

EMILY Er ist bestimmt okay, George.

GEORGE Einen Scheiß weißt du davon. Wenn irgendwas schiefläuft mit ihm, dann kriegst du was auf den Arsch, du kleine Nutte.

Er geht.

EMILY Arschloch.

LUCY Wie war dein Date da oben?

EMILY Gut.

LUCY Habt ihr zwei es gemacht?

EMILY Das werde ich nicht mit dir besprechen, Lucy.

LUCY Ich hoffe, du hast verhütet.

EMILY Hör mal, jetzt ist es halb elf, und morgen muss ich in die Schule. Ich muss irgendwie los.

Mr. Marmalade erscheint. Er raucht eine billige Zigarette.

LUCY Kannst du nicht noch eine halbe Stunde bleiben?

EMILY Tut mir leid, Lucy, es geht nicht. Sag deiner Mutter, sie kann mich das nächste Mal bezahlen.

LUCY Okay.

Emily geht.

MR. MARMALADE Guten Abend.

LUCY Ich dachte, wir hätten am Sonntag Brunch.

MR. MARMALADE Ich hab mir kurz freigenommen heute Abend. Dachte, ich schau mal vorbei, wenn es okay ist.

LUCY Für mich ist es okay.

MR. MARMALADE Freust du dich nicht, mich zu sehen?

LUCY Doch, doch. Es ist nur überraschend.

MR. MARMALADE Bradley sagte, es geht dir nicht gut. Er sagte, er hat dir Hühnersuppe gekocht.

LUCY *hüstelt.* Stimmt. Hat er.

MR. MARMALADE Was dagegen, wenn ich mich setze?

LUCY Bitte sehr.

MR. MARMALADE Danke. *Er lässt sich mit einem Plumps auf die Couch fallen.* Meine Füße bringen mich noch um. *Zieht seine Schuhe aus.*

LUCY Wie war die Arbeit?

MR. MARMALADE Scheiß Albtraum. Du hast keine Ahnung.

LUCY Hast du getrunken?

MR. MARMALADE Etwas, um runterzukommen nach der Arbeit. Wenn du schon mal einen Tag gearbeitet hättest, würdest du das auch tun.

LUCY Ich weiß nicht.

MR. MARMALADE Nein, du nicht.

LUCY Hast du gebucht?

MR. MARMALADE Was gebucht?

LUCY Mexiko. Cabo San Lucas. Fünf Sterne.

MR. MARMALADE Nein, ich habe noch nicht gebucht.

LUCY Lässt du es Bradley machen?

MR. MARMALADE Nerv bloß nicht, verstanden? Mein Gott. Bin gerade angekommen. Kaum habe ich mich gesetzt, fängst du an, mich wegen Mexiko zu nerven.

LUCY Wir fliegen aber noch, oder?

MR. MARMALADE Klar, tun wir. Ich mach es morgen, okay? *Mr. Marmalade öffnet seine Aktentasche. Holt ein Briefchen Kokain heraus. Zieht zwei dicke Linien. Rollt einen Zwanzigdollarschein zusammen.*

LUCY Mr. Marmalade, ist das Kokain?

MR. MARMALADE Was? Entschuldigung. Willst du auch?

LUCY Nein. Ich will kein Kokain.

MR. MARMALADE Bedien dich. *Er zieht sich eine Linie rein.* Bestimmt nicht? Das ist guter Stoff.

LUCY Bestimmt.

MR. MARMALADE *zieht sich die zweite Linie rein.* Komm, wir spielen Familie. »He, Liebling, ich bin zu Hause!«

LUCY Nein.

MR. MARMALADE Du musst jetzt sagen: »Wie war es im Büro?«

LUCY Ich will nicht mit dir Familie spielen.

MR. MARMALADE Und ich sage dann: »Es geht mir auf die Eier. Aber irgendjemand muss ja diese Scheißfamilie versorgen, du faules Stück.«

Stille.

MR. MARMALADE Willst du nicht Familie mit mir spielen?

LUCY Nicht so.

MR. MARMALADE Was heißt nicht so?

LUCY Wenn du betrunken bist und high.

MR. MARMALADE Was? Wer ist high? Das ist wie eine Tasse Kaffee. Ich spüre es kaum. He, Lucy, ich arbeite 20 Stunden am Tag. Ich muss fit bleiben.

LUCY Ich spiele trotzdem nicht mit.

MR. MARMALADE Scheiß drauf. Ich will Familie spielen.

LUCY Ich will nicht mit dir Familie spielen.

MR. MARMALADE Dann spielen wir Doktor. Komm her. Ich habe Schmerzen an der Prostata. Wahrscheinlich muss ich operiert werden.

LUCY Ich werde nicht mit dir Doktor spielen.

MR. MARMALADE Meine Prostata tut weh.

LUCY Hau ab!

MR. MARMALADE Gut. Ich brauche diesen Scheiß sowieso nicht. *Er steht mit Mühe auf. Er öffnet seine Aktentasche falsch herum. Alles fällt heraus. Schmuddelige Pornohefte, Dildos, Peitschen, Drogen, vielleicht eine aufblasbare Puppe mit geöffnetem Mund für Blowjobs.* Scheiße. *Er beginnt auf allen vieren die Hefte und die Dildos einzusammeln.* Die gehören mir nicht. Ich hebe sie nur für einen Freund auf.

LUCY Raus hier.

MR. MARMALADE Okay, okay. Oh Gott. Tut mir leid, dass ich gestört habe. Wir sehen uns am Sonntag zum Brunch.

LUCY Nein.

MR. MARMALADE Was?

LUCY Ich will dich nicht mehr sehen.

MR. MARMALADE Was quatschst du da?

LUCY Ich will nicht mehr mit dir Familie spielen. Oder Doktor. Ich will nicht mit dir nach Mexiko fliegen. Ich will überhaupt nicht mehr mit dir spielen.

MR. MARMALADE Diese Pornos gehören mir nicht, ich schwör's.

LUCY Die Pornos sind mir egal.

MR. MARMALADE Wegen dem bisschen Kokain?

LUCY Weil du ein schlechter Mensch bist. Weil du mich vernachlässigst. Weil du Bradley schlägst. Weil ich was Besseres verdient habe als dich.

MR. MARMALADE Gibt es jemand anderen?

LUCY Was meinst du?

MR. MARMALADE Ich meine, ob es einen Ersatz für mich gibt? Jemanden, der Familie und Doktor mit dir spielt.

LUCY Nein.

MR. MARMALADE Du lügst mich an. Es gibt einen anderen.

LUCY Es könnte einen anderen geben.

MR. MARMALADE Wie heißt er?

LUCY Du kennst ihn nicht.

MR. MARMALADE Sein verschissener Name?

LUCY Larry.

MR. MARMALADE Was ist das denn für ein Scheißname, Larry?

LUCY Weiß nicht. Er heißt so.

MR. MARMALADE Scheiße! Ich kann diesen Mist nicht glauben. Was macht dieser Clown?

LUCY Macht?

MR. MARMALADE Macht? Macht? Macht? Macht macht macht macht macht. Was für einen Beruf hat er? Welchen Scheiß macht dieser Scheiß-Larry?

LUCY Er macht gar nichts.

MR. MARMALADE Er ist arbeitslos.

LUCY Er ist fünf.

MR. MARMALADE Scheiße, heißt das, er ist fünf?

LUCY Er ist fünf Jahre alt.

MR. MARMALADE Jetzt bleiben wir mal ganz ruhig, Lucy. Du verlässt mich nicht für ein Kleinkind. Geschäftsleute finden immer eine Lösung.

LUCY Es gibt keine Lösung.

MR. MARMALADE Ich werde weniger arbeiten.

LUCY Tut mir leid. Nein.

MR. MARMALADE Ich hole mir Hilfe wegen der Drogen. Okay? Lucy? Ich gebe freiwillig zu, dass ich ein Drogenproblem habe. Okay? Zwölf-Stufen-Programm. Entzug. Nur, verlass mich nicht.

LUCY Tut mir leid, Mr. Marmalade.

MR. MARMALADE Du Scheißfotze.

LUCY Du bist high. Du meinst nicht, was du sagst.

MR. MARMALADE Eilmeldung! Ich war von Anfang an high, okay?

LUCY Ich wollte dich nicht verletzen.

Er schlägt ihr ins Gesicht. Sie fällt auf den Boden. Ihre Lippe blutet.

MR. MARMALADE Du wolltest mich nicht verletzen? *Er spuckt sie an.*

Larry erscheint.

MR. MARMALADE Wer zum Teufel ist das?

Sie sagt es nicht.

MR. MARMALADE Sag's mir, du Nutte. Wer ist der Scheißkerl?

LARRY Ich bin Larry.

LUCY Larry?

LARRY Ich krieg das schon hin, Lucy.

MR. MARMALADE Du bist Larry. Das ist Scheiß-Larry!

LARRY Halt's Maul, Alter.

MR. MARMALADE Scheiß drauf, Larry. Das hier ist privat.

LARRY Sie gehen jetzt.

MR. MARMALADE Ich werde nicht gehen.

LARRY Doch.

MR. MARMALADE Wer sagt das.

LARRY Ich.

MR. MARMALADE Du und wer noch?

LARRY Nur ich.

MR. MARMALADE Scheiß drauf, Larry.

Mr. Marmalade holt gegen Larry aus, aber Larry duckt sich und nimmt Mr. Marmalade in einen sehr schmerzvollen Schwitzkasten.

LARRY Grüner Gürtel in Brasilianisch-Jiujitsu.

MR. MARMALADE Ruhig, Larry.

LARRY Ich kann Ihnen an fünf Stellen den Arm brechen.

MR. MARMALADE Wir wollen nichts tun, was wir später bereuen, Larry.

LARRY Glauben Sie, ich bereue etwa, Ihnen in den Arsch zu treten?

MR. MARMALADE Das wird gerichtliche Folgen haben. Mehr sage ich nicht, okay?

LARRY Sie gehen jetzt.

MR. MARMALADE Aauuuu. Gut. Ich gehe.

LARRY Und wagen Sie es nicht, wiederzukommen. Verstehen wir uns, Alter?

MR. MARMALADE Klar und deutlich, Larry. Nur lass meinen Arm los.

LARRY Sie werden Lucy nicht mehr belästigen. Okay?

MR. MARMALADE Aauuuu. Ja. Ja.

Larry lässt ihn los.

MR. MARMALADE *sammelt seine Hefte und Dildos ein und steckt sie in seine Aktentasche.* Dann pass bloß auf, dass du keine Nerven beschädigt hast, du kleiner Scheißer. Du wirst demnächst von meinem Anwalt hören.

Er verschwindet.

LARRY Alles okay? Blutest du?

LUCY Ein bisschen vielleicht.

LARRY Da. Ich mach das schon. *Er tupft das Blut mit seinem Handgelenkverband ab.* Wer war der Typ?

LUCY Er war mal mein Freund. Er heißt Mr. Marmalade.

LARRY Dieser Typ war dein Freund?

LUCY Menschen verändern sich. Er war mal ein netter Typ.

LARRY Ist er aber nicht mehr.

LUCY Larry?

LARRY Ja, Lucy?

LUCY Weißt du, wie man Familie spielt?

PAUSE

IV.

Darüber, was zwischen Lucy und Larry stattfand: eine der wichtigsten Szenen des ganzen Stücks. P.S. Es ist sehr spät in derselben Nacht, auch wenn es unmöglich scheint, dass Kinder zu dieser Zeit noch wach sind.

Larry kommt herein. Er trägt den Anzug seines Vaters, der ihm viel zu groß ist, und einen Kinderkassettenrecorder.

LARRY Schatz, ich bin zu Hause!

LUCY *aus dem Off* Ich bin in der Küche, Schatz! Einen Moment noch.

Er stellt den Kassettenrecorder an. Schnulzige, romantische französische Musik. Ich empfehle Yves Montand. Er knöpft seinen Anzug auf und holt eine große Packung Kartoffelchips heraus. Er greift in den Ärmel und holt eine von diesen richtig langen, süßen Lakritzstangen heraus. Noch eine, vielleicht noch eine. In seiner Hose sind Gummibärchen, Lollis, Bounties, Piccos, Kaugummi, Tutti Frutti, Oreos, Erdnussflips, Zwiebelringe, Chips, Sprühsahne, Schaumküsse usw. Ein ganzes Gelage aus Junk-Food. Er ist sehr stolz auf sein Essen. Warte. Was noch fehlt, ist eine einzelne Rose, die er irgendwo im Hosenbein hat. Er nimmt sie zärtlich in die Hand und stellt sie in eine Vase. Lucy kommt herein. Sie trägt das Kleid, das ihre Mutter nicht ausgewählt hat, und Make-up. Lucy trägt Stöckelschuhe, in denen sie kaum laufen kann.

LARRY Mach die Augen zu, Augen zu.

Lucy schließt die Augen. Larry führt sie zum Tisch.

LARRY Okay. Augen auf.

LUCY Du lieber Gott!

LARRY Essen ist fertig.

LUCY Larry! Wie schön.

LARRY Sagen wir mal, der Supermarkt war nett zu uns.

LUCY Es sieht toll aus. Vielen Dank. Was sollen wir zuerst essen?

LARRY Zuerst Anstoßen. *Er zieht Kakao heraus.*

LUCY Kakao!

LARRY Unsere Lieblingssorte!

Er präsentiert ihn, als ob es Champagner wäre, in die Armbeuge gelegt. Er lässt sie am Korken riechen. Sie nickt zustimmend. Larry schenkt zwei Gläser voll ein.

LUCY Auf was stoßen wir an?

LARRY Auf das Glück.

LUCY Auf das Glück.

Sie stoßen an und trinken.

LUCY Mmmm. Gut, was?

LARRY Köstlich.

LUCY Jetzt essen wir. Ich sterbe vor Hunger.

Larry sitzt, aber Lucy wartet neben ihrem Stuhl.

LARRY Warum setzt du dich nicht?

Lucy schaut nur auf ihren Stuhl.

LARRY Entschuldigung, Schatz. *Larry läuft zu ihr und rückt ihr den Stuhl zurecht.*

LUCY Danke, Schatz.

LARRY Bitte sehr, Schatz. *Larry faltet eine Serviette auf und legt sie auf Lucys Schoß.*

LUCY Bon appetit!

Larry läuft wieder zu seinem Stuhl, und beide packen sie verschiedene Snacks und Leckereien aus. Sie essen eine Weile.

LUCY Kann ich bitte die Chips haben?

LARRY Klar. *Er reicht ihr die Chips.*

LUCY Danke, Schatz.

LARRY Bitte sehr, Schatz. *Larry sprüht sich Sprühsahne in den Mund, nicht übertreiben.*

LUCY *sprüht sich Sprühsahne in den Mund.* Ich habe große Neuigkeiten, Schatz.

LARRY Ich bin ganz Ohr.

LUCY Bist du bereit?

LARRY Ich denke schon.

LUCY Ich bin schwanger.

LARRY Echt?

LUCY Heute Nachmittag habe ich die Ergebnisse vom Arzt bekommen.

LARRY Im Ernst?

LUCY Du freust dich nicht!

LARRY Nein, Lucy, bist du in echt schwanger oder nur im Spiel?

LUCY Im Spiel schwanger.

LARRY Was für wunderbare Neuigkeiten! Ich freue mich so! Ich werde Vater. Es ist von mir, ja?

LUCY Natürlich ist es von dir.

LARRY Das ist schön.

LUCY Das klingt nicht so, als ob du dich wirklich freust.

LARRY Natürlich freue ich mich.

LUCY Ich weiß, es ist ein kleiner Schock.

LARRY Es kommt ein bisschen überraschend.

LUCY Aber eine schöne Überraschung, hoffe ich. Worüber denkst du nach?

LARRY Ich weiß nicht, ob wir ausgerechnet jetzt ein Baby brauchen, weißt du? Ich weiß nicht, ob ich bereit bin, Vater zu sein. Weißt du, und ich weiß nicht, ob ich überhaupt ein Kind auf diese Welt setzen will, geschweige denn jetzt mit dir. Ich bin nicht sehr glücklich, dass ich geboren wurde, und ich fühle mich echt nicht in der Lage, jemand anderem das zuzumuten.

LUCY Du hast ein Recht auf deine Meinung. Aber ich werde es kriegen, so oder so.

LARRY Gut, wenn du sicher bist. Es ist deine Entscheidung. Ich respektiere dein Recht, zu entscheiden, vollkommen.

LUCY Gut.

LARRY Gut. Gibst du mir bitte die Prinzenrolle?

LUCY Hier. *Gibt Larry die Prinzenrolle.*

LARRY Lucy?

LUCY Ja, was ist?

LARRY Kannst du mal meine Stirn fühlen? Ich glaube, ich habe Fieber.

LUCY *fühlt seine Stirn.* Kein Fieber.

LARRY Ich glaube, es ist meine Gebärmutter.

LUCY Du hast keine Gebärmutter.

LARRY Gut, dann habe ich keine Gebärmutter. Wir spielen überhaupt nie wieder Doktor.

LUCY Wir spielen jetzt Familie.

LARRY Wenn man Familie spielt, kann man nicht Doktor spielen?

LUCY Genau. Das sind zwei verschiedene Spiele.

LARRY Wie dumm.

LUCY Larry!

LARRY Was? Das ist albern.

LUCY Können wir nicht einfach unser Essen genießen, für das du so hart gearbeitet hast?

LARRY Ich habe das ganze Essen geklaut.

LUCY Ich weiß nicht, wovon du sprichst.

LARRY Du weißt es genau.

LUCY Nein, echt nicht.

LARRY Ich spiele nie wieder Familie. *Larry stellt seine Musik ab.*

LUCY Wir hatten es so schön. Wir sind schwanger mit unserem ersten Kind. Was ist los?

LARRY Nichts. *Er isst.*

LUCY Sag doch etwas. Erzähl mir von der Arbeit.

LARRY War gut.

LUCY Nicht zu viel zu tun?

LARRY Es war gut.

Ein Kaktus und eine Sonnenblume erscheinen. Sie können sprechen.

KAKTUS Hallo.

SONNENBLUME Können wir reinkommen?

KAKTUS Es ist kalt.

LARRY Klar. Kommt rein. Habt ihr Hunger?

KAKTUS Ich sterbe vor Hunger.

SONNENBLUME Ich auch.

LUCY Larry? Wer ist das?

LARRY Das sind meine Freunde.

LUCY Ich dachte, wir beide wären allein, nur du und ich. Wir spielen Familie.

LARRY Sie können mit Familie spielen. Schön, euch zu sehen. Wie geht's euch beiden?

KAKTUS Ich habe Hunger.

SONNENBLUME Ich friere.

KAKTUS Ich habe Hunger und friere.

SONNENBLUME Ich auch.

KAKTUS Wer ist das Mädchen?

LARRY Das ist Lucy. Wir spielen Familie.

KAKTUS Die ist scharf.

SONNENBLUME Gute Arbeit, Larry.

LUCY Ich kann hören, was ihr sagt.

KAKTUS Ach. Entschuldigung.

SONNENBLUME Schön, dich kennenzulernen, Lucy. Du hast ein wunderschönes Haus.

KAKTUS Sieht nach einem Festessen aus.

LUCY Ich nehme an, es ist genug Essen da. Sogar für ungebetene Gäste.

LARRY Ich wusste nicht, dass sie kommen.

LUCY Darf ich euch Pflanzen Kakao anbieten?

KAKTUS Ja bitte. Ich habe Durst.

SONNENBLUME Ich liebe Kakao.

LUCY *schenkt ihnen Kakao in zwei Gläser ein.* Worauf sollen wir anstoßen?

KAKTUS Auf das glückliche Paar.

SONNENBLUME Auf das glückliche Paar.

Alle trinken.

LUCY Was macht ihr Pflanzen genau?

Die Pflanzen essen sehr chaotisch.

SONNENBLUME Ich sitze bloß am Fenster und schaue in die Sonne.

KAKTUS Ich auch.

SONNENBLUME Manchmal denke ich an Wasser.

KAKTUS Ich denke die ganze Zeit an Wasser.

LARRY Wir spielen Familie.

KAKTUS Ich habe noch nie Familie gespielt.

LARRY Es ist einfach.

SONNENBLUME Wir spielen normalerweise Cowboy und Indianer. Ich bin immer Indianer.

LARRY Denkt euch irgendwas aus.

KAKTUS Zum Beispiel?

LARRY Einen Beruf.

KAKTUS Okay. Ich bin ein Stuntman.

SONNENBLUME Und ich baue U-Boote.

LUCY Das ist sehr interessant. Larry ist Banker. Er hat ein sehr gutes Einkommen und hohe Vergünstigungen.

LARRY Lucy!

LUCY Was? Stimmt das etwa nicht? Wir sind unter Freunden. Sie dürfen ruhig wissen, wie erfolgreich du bist.

LARRY Vermutlich.

LUCY Was habt ihr Pflanzen so gelesen?

KAKTUS Ich kann nicht lesen.

SONNENBLUME Ich kann nur meinen Namen lesen.

LUCY Larry ist gerade mit »Schall und Wahn« fertig. Ein sehr schwieriges Buch von William Faulkner.

Eine der Pflanzen wirft mit Essen.

LUCY Kennt ihr William Faulkner?

KAKTUS Hör auf, nach mir zu werfen, du Pimmel.

SONNENBLUME Selber Pimmel.

KAKTUS Du hast gar keinen.

Sie bewerfen sich mit Essen.

LUCY Larry, sie sollen aufhören.

LARRY Hey Leute, kommt mal runter.

KAKTUS und SONNENBLUME Pimmel!

Sie bewerfen Larry mit Essen. Larry wirft es zurück.

LARRY Selber Pimmel!

Schnell wird alles zu einer echten Essensschlacht. Es ist ein totales Chaos. Die Vase mit der Blume wird umgeworfen und geht kaputt. Alle hören auf.

LUCY Raus hier.

KAKTUS Entschuldigung.

SONNENBLUME Er hat angefangen.

LUCY Haut endlich hier ab.

Die Pflanzen fangen an zu weinen.

KAKTUS Es tut uns echt leid.

SONNENBLUME Wir sind auch ganz brav.

KAKTUS Können wir hierbleiben?

LUCY Nein. Ich will euch nicht im Haus haben.

LARRY Tut mir leid, Jungs. Ihr habt den Chef gehört.

LUCY Du auch, Larry.

LARRY Was?

LUCY Raus hier.

LARRY Aber …

LUCY Ich will nicht mehr mit euch Familie spielen.

LARRY Aber …

LUCY Kein Aber.

LARRY Unsere Ehe.

LUCY Ist geschieden.

LARRY Was ist mit dem Baby? Sollen wir nicht zusammenbleiben zum Wohl des Kindes?

LUCY Es ist gar nicht von dir.

SONNENBLUME Gehörnter Ehemann.

KAKTUS So eine Kacke.

LARRY Euch Pflanzen sehe ich später.

SONNENBLUME Gute Nacht.

KAKTUS Guten Abend, gute Nacht, mit Rosen bedacht.

SONNENBLUME Ich hasse Rosen.

KAKTUS Me too.

SONNENBLUME Me three.

KAKTUS Me four.

SONNENBLUME Was kommt nach vier?

KAKTUS Weiß ich nicht.

SONNENBLUME Ich auch nicht.

Sie sind verschwunden.

LARRY Okay, sie sind weg. Wir können weiterspielen.

LUCY Nein, Larry.

LARRY Es tut mir leid, okay? Die Pflanzen sind Pimmel. Ich hätte sie nicht einladen dürfen, mit uns Familie zu spielen.

LUCY Du solltest auch gehen.

LARRY Können wir nicht was anderes spielen? Wir können Cowboy und Indianer spielen.

LUCY Nein.

LARRY Räuber und Gendarm.

LUCY Nein.

LARRY Gut. Wir müssen auch gar nichts spielen. Wir können einfach dasitzen und reden. Wir müssen auch nicht reden.

LUCY Ich will nicht, dass du bleibst, Larry.

LARRY Wir waren glücklich! Wir waren nicht mehr einsam.

LUCY Ich war mit dir zusammen, Larry, und ich war trotzdem einsam.

LARRY Okay. Ich gehe. Auf Wiedersehen, Lucy.

LUCY Auf Wiedersehen, Larry.

Er geht mit eingezogenem Schwanz. Lucy schaut sich im vermüllten Zimmer um. Seufzt und fängt an aufzuräumen. Mr. Marmalade erscheint mit einem Müllsack und Gummihandschuhen. Er ist makellos gekleidet mit seinem Anzug.

MR. MARMALADE Guten Abend.

LUCY Was machst du denn hier?

MR. MARMALADE Sieht aus, als könntest du Hilfe brauchen.

LUCY Das wäre nett.

MR. MARMALADE Darf ich? *Er hebt die Rose auf, kniet vor ihr nieder und überreicht sie ihr.* Eine Rose für die Dame.

LUCY Danke schön, mein Herr. *Sie knickst.*

Er räumt den ganzen Müll weg.

LUCY Du musst nicht aufräumen, Mr. Marmalade.

MR. MARMALADE Es ist mir ein Vergnügen. Wer hat das Durcheinander gemacht?

LUCY Larry und seine Pflanzenfreunde.

MR. MARMALADE Wie geht es Larry?

LUCY Wir haben Schluss gemacht.

MR. MARMALADE Das tut mir aber leid.

LUCY Ja, klar.

MR. MARMALADE Nein, wirklich. Es brauchte eine Weile, um damit klarzukommen, aber ich finde, ihr habt gut zusammengepasst. Wahrscheinlich besser als du und ich. Er schien ein netter Typ zu sein.

LUCY War er aber nicht.

Mr. Marmalade holt Schutzbrillen aus seiner Aktentasche. Er gibt sie Lucy.

MR. MARMALADE Zieh diese Schutzbrille an.

LUCY Ich liebe Schutzbrillen.

Er setzt seine Schutzbrille auf. Sie setzt die Schutzbrille auf. Mr. Marmalade holt einen großen Laubsauger heraus.

LUCY Was ist das, Mr. Marmalade?

MR. MARMALADE Das ist mein Sauggebläse 6000.

LUCY Das ist wirklich riesig.

MR. MARMALADE *stellt es an und bläst all den Müll von der Bühne. Es ist ziemlich laut, und man sollte kaum mehr hören, was er sagt.* Den habe ich beim Pokern gewonnen.

LUCY Was?

MR. MARMALADE Ich habe geblufft. Ich hatte nur zwei Zweien, aber ich habe immer weitergepokert, bis mein Freund Ramon dieses Sauggebläse als Einsatz brachte. Ramon war nie ein guter Kartenspieler. Aber ich glaube, er war irgendwie froh, es loszuwerden, weil seine Exfreundin Rita es ihm geschenkt hatte und er jedes Mal an sie denken musste, wenn er das Laub weggeblasen hat.

Fertig. Er stellt es ab. Sollte Mr. Marmalade mehr Zeit brauchen, um die Bühne sauber zu machen, dann ist hier mehr Text für ihn: »Rita hatte Charakter. Auf der Innenseite ihres Oberschenkels stand ›Bei Nässe Rutschgefahr‹. Wahrscheinlich fragst du dich, woher ich das weiß. Einmal haben wir uns mit Tequila komplett weggeschossen, und sie hat mitten in der Bar ihre Hose runtergelassen, und ich so: ›Boah, Rita, du bist die Freundin meines Freundes, ich will die Innenseite deines Oberschenkels gar nicht sehen.‹ Aber da stand sie eben mitten in der Bar, unten ohne. Egal, so habe ich das Tattoo gesehen. Ihre Trennung war eine einzige Scheiße, die von Rita und Ramon. Sie hat all seine Sachen verbrannt, sogar seine antike Spielzeugsammlung, die er über alles geliebt hat. Wie gesagt, Rita hatte Charakter.«

LUCY Was?

MR. MARMALADE Mach dir nichts draus. *Er stellt das Gebläse weg.* Wo waren wir stehengeblieben?

LUCY Wir haben über Larry gesprochen.

MR. MARMALADE Ich könnte mit ihm reden, wenn du willst.

LUCY Lass uns lieber über dich reden. Was macht die Arbeit?

MR. MARMALADE Ich habe gekündigt.

LUCY Du hast gekündigt?

MR. MARMALADE Mir wurde klar, dass ich nicht jünger werde. Wozu soll ich mich 20 Stunden am Tag kaputtmachen? Carpe diem, weißt du?

LUCY Du siehst toll aus.

MR. MARMALADE Ich war auf Entzug.

LUCY Echt?

MR. MARMALADE Ich hab mich in Newark entgiften lassen. Danach war ich auf Entzug oben in New Haven.

LUCY Ist ja toll, Mr. Marmalade. Ich bin stolz auf dich.

MR. MARMALADE Mein Betreuer war ein Ex-Junkie. Er war blind. Seine Venen sind durch die Spritzen draufgegangen, dann hat er sich in die Augen gespritzt. Er hat mein Leben verändert. Entschuldigung, du willst das alles gar nicht wissen.

LUCY Doch, es ist faszinierend. Kaum zu glauben, wie sehr du dich verändert hast.

MR. MARMALADE Ich hab es für dich getan, Lucy.

LUCY Echt?

MR. MARMALADE Klar. Alles war immer deinetwegen. Ich habe dir ein Paar Hausschuhe gemacht.

LUCY Nein.

MR. MARMALADE *zieht ein Paar handgearbeiteter Hausschuhe hervor.* Was hast du, Größe 26?

LUCY 27.

MR. MARMALADE Du bist gewachsen. Probier mal, ob sie passen.

Sie zieht die Hausschuhe an.

MR. MARMALADE Wir haben alle möglichen Handarbeiten in der Reha gemacht. Korbflechten. Töpfern. Stickerei. Ich habe sogar Vogelstimmen bestimmen gelernt. Ich kann ein Rotkehlchen auf 50 Meter erkennen. *Er macht Vogelstimmen nach.*

LUCY Das klingt wunderschön.

MR. MARMALADE Geh mal ein paar Schritte damit.

LUCY Sie sind hübsch. Bequem. *Sie geht.*

MR. MARMALADE Tut mir leid.

LUCY Nein, sie passen gut.

MR. MARMALADE Nein. Wegen früher. Ich bin abgestürzt. Verzeih mir. Durchgedreht. Außer Kontrolle geraten. Das ist Stufe neun. Ich möchte alle, die ich verletzt habe, während ich auf Drogen war, um Verzeihung bitten.

LUCY Sieht aus, als hättest du wirklich reinen Tisch gemacht.

MR. MARMALADE Gibst du mir noch einmal eine Chance?

LUCY Ja.

MR. MARMALADE Danke, Lucy. *Er hebt sie hoch und drückt sie.* Hast du Hunger?

LUCY Ich sterbe vor Hunger. Diese Pflanzen haben mir mein Abendessen verdorben.

MR. MARMALADE Bradley!

Er schnipst mit den Fingern, und Bradley erscheint mit einer großen Platte mit Sushi. Bradley sieht gut aus. Keinerlei Verletzungen.

BRADLEY Guten Abend, Lucy.

LUCY Guten Abend, Bradley. *Lucy schaut auf die Sushi-Platte.*

MR. MARMALADE Frisch aus Nobu. Seeteufel-Paste mit Kaviar. Sashamisalat. Seeigel-Tempura. Renke mit Ponzo. Und Bradleys Lieblingsgericht, frischer Gelbschwanz mit Jalapena.

BRADLEY Ich liebe Jalapena!

LUCY Sieht köstlich aus.

MR. MARMALADE Alles für dich, Lucy.

LUCY Danke, Mr. Marmalade.

Er schnipst mit den Fingern. Zwei Männer im weißen Smoking kommen herein mit vielen Rosen, Kerzenleuchtern, Champagner, bunten Desserts. Großer Auftritt.

MR. MARMALADE Rosen, frisch aus dem Garten von Versailles. Kerzen aus Lebertran vom weißen Wal. Eis aus Milch von Kühen, die nur Schokolade essen.

LUCY Das ist alles für mich?

MR. MARMALADE Das ist alles für dich, Lucy.

LUCY Ich weiß gar nicht, was ich sagen soll.

MR. MARMALADE Iss. Trink. Freu dich.

Sie isst.

MR. MARMALADE Bradley, bitte.

Bradley führt die Kellner an. Vielleicht werden Instrumente gespielt, wenn die Schauspieler es können. Eine Geige. Eine Gitarre. Eine Klarinette. Sie singen ein süßes Liebeslied, sämtliche Strophen. Es sollte das französische Lied von vorhin sein. Lucy isst ein Weilchen.

MR. MARMALADE Lucy, würdest du mir die Ehre erweisen?

LUCY Es ist mir ein Vergnügen.

Mr. Marmalade und Lucy tanzen zärtlich, langsam, schön. Sie schauen sich in die Augen. Sie schmiegt ihren Kopf an seine Schul-

ter. Sie tanzt auf seinen Schuhspitzen. Nach dem Tanz macht Lucy einen Knicks und Mr. Marmalade einen Diener. Sie applaudieren der Band.

LUCY Danke, Mr. Marmalade.

MR. MARMALADE Ganz meinerseits. Das ist die glücklichste Nacht meines Lebens.

LUCY Meine auch.

MR. MARMALADE Fast hätte ich es vergessen. Schau, was ich hier habe. *Er zieht zwei Flugtickets heraus.* Mexiko! Cabo. Du und ich. Wir fliegen heute Abend. Fünf Sterne.

LUCY Mr. Marmalade!

MR. MARMALADE Bradley, geh und hole Lucys Koffer.

Bradley geht nach oben.

MR. MARMALADE Das ist alles für heute, meine Herren. Haben Sie vielen Dank.

Sie verschwinden mit all dem Zeug, das sie mitgebracht haben.

MR. MARMALADE Ich habe dich vermisst, Lucy.

LUCY Hast du?

MR. MARMALADE Schrecklich. Ich musste immerzu an dich denken. Egal, was ich tat oder mit wem ich zusammen war. Hast du auch an mich gedacht?

LUCY Ja. Immer.

Er küsst sie auf den Mund.

LUCY Mr. Marmalade!

MR. MARMALADE Ist das okay? Entschuldigung. Ich hätte das nicht tun dürfen.

LUCY Doch. Ist okay.

MR. MARMALADE Ist es bestimmt okay?

LUCY Bestimmt.

MR. MARMALADE Weil, ich wollte das. Immer schon. Seit langem.

LUCY Ich weiß. Ich auch.

MR. MARMALADE Wirklich?

LUCY Konntest du dir das nicht denken?

MR. MARMALADE Nein. Ich weiß nicht. Ich dachte, vielleicht. Ich wollte mir keine Hoffnungen machen, weißt du?

LUCY Ich weiß.

MR. MARMALADE Ich glaube, ich muss sterben, wenn ich dir auf Wiedersehen sage.

LUCY Ich auch.

MR. MARMALADE Ich will dich nie wieder verlassen.

LUCY Das sollst du auch nicht.

MR. MARMALADE Ist es in Ordnung, wenn ich hier bei dir bleibe, wenn wir aus Mexiko zurück sind?

LUCY Natürlich. Ich wollte immer, dass du bleibst.

MR. MARMALADE Wirklich?

LUCY Ich wollte nie etwas anderes.

MR. MARMALADE Das wird was Großes.

LUCY Möchtest du Kinder?

MR. MARMALADE Ich will alles. Ein eigenes Haus. Einen weißen Gartenzaun. Viele Kinder, die herumtoben.

LUCY Ich auch. Genau das will ich auch.

MR. MARMALADE All das, was uns versprochen wurde, ist zum Greifen nah, Lucy. Wir werden so glücklich sein.

Bradley kommt mit dem Koffer zurück.

BRADLEY Alles gepackt.

MR. MARMALADE Bist du bereit?

LUCY Ja.

BRADLEY Vámonos!

Sie gehen.

V.

Darüber, was mit Lucy und Mr. Marmalade geschah – eine traurige und schreckliche Szene in diesem Stück, die zu verfolgen für Ängstliche sehr schwierig sein könnte.

In der Küche schreit ein Baby. Mr. Marmalade sitzt vor dem laufenden Fernseher. Er trägt ein Feinrippunterhemd. Keine Schuhe und Strümpfe. Er trinkt billiges Bier und raucht billige Zigaretten. Der Raum ist schmutzig. Schlimmer als vorher. Bierdosen. Essensreste. Pizzakartons. Dreck und Müll eines Jahres. Mindestens.

MR. MARMALADE Mach gefälligst das Kind still!

LUCY *aus dem Off* Was?

MR. MARMALADE Mach das Kind still! Ich versuche fernzusehen.

LUCY *aus dem Off* Ich kann dich nicht hören, Schatz. Das Baby schreit.

MR. MARMALADE Verdammt noch mal. Ich weiß, dass das Baby schreit. Ich höre, wie das Baby schreit. Tu was, damit das Baby aufhört zu schreien.

LUCY Einen Moment!

Sie kommt im Slip ihrer Mutter und trägt das Baby in eine Decke gewickelt.

MR. MARMALADE Lass das Kind in der Küche.

LUCY Sag mir nur, was du willst.

MR. MARMALADE Ich will, dass du das Scheißkind still machst.

LUCY Ach. Ich konnte dich nicht hören.

MR. MARMALADE Natürlich nicht. Dieses Kind hört nicht auf zu schreien.

LUCY Sie hört nicht auf zu schreien. Ich verstehe das nicht.

Das Baby hört auf zu schreien.

LUCY Sie hat aufgehört.

MR. MARMALADE Endlich. Hol mir ein Bier.

LUCY Warum holst du es dir nicht selbst.

MR. MARMALADE Leck mich. Ich sehe fern.

LUCY Gerade läuft Werbung.

MR. MARMALADE Dann guck ich eben Werbung. Komm, kleine Mama. Hol mir ein Bier.

LUCY Du hast genug Bier gehabt.

MR. MARMALADE Hör mit der Scheiße auf.

LUCY Das ist dein letztes vor dem Essen.

MR. MARMALADE Gut.

LUCY Versprochen? Hand aufs Herz?

MR. MARMALADE Hand aufs Herz.

Sie schwören.

LUCY Wenn du weitertrinkst, ruf ich deinen Betreuer in New Haven an.

Sie geht. Er gibt ihr einen Klaps auf den Hintern.

LUCY He!

MR. MARMALADE Ruhe, du liebst das.

Sie geht. Mr. Marmalade hat die Finger gekreuzt, als sie geschworen haben. Lucy kommt mit einem Bier wieder.

MR. MARMALADE Aufmachen.

Sie öffnet es. Reicht es ihm. Er trinkt. Sie steht im Weg.

MR. MARMALADE Was machst du? Ich versuche fernzusehen.

LUCY Steh ich dir im Weg?

MR. MARMALADE Du stehst genau vor dem Scheißbildschirm.

LUCY Entschuldigung.

MR. MARMALADE Was machst du?

LUCY Ich mache gar nichts.

MR. MARMALADE Du starrst mich an.

LUCY Ich will nur bei dir sein.

MR. MARMALADE Geh weg. Ich will allein sein.

LUCY Darf ich dich nicht einfach anschauen?

MR. MARMALADE Nein. Hau ab. *Er wirft das Bier nach ihr.*

LUCY Verstehe. Ich lasse dich in Ruhe. Jeder braucht Zeit für sich. Ruf mich, wenn du was brauchst.

Sie küsst ihn und geht. Einen Augenblick Stille, dann fängt das Baby an zu schreien.

MR. MARMALADE Verdammt noch mal!

LUCY *aus dem Off* Entschuldigung, Schatz.

MR. MARMALADE Leg diesem Scheißkind einen Maulkorb um!

LUCY *aus dem Off* Sie schläft gleich wieder.

MR. MARMALADE Ich halte diese Scheiße nicht mehr aus!

Lucy kommt mit dem schreienden Baby herein.

MR. MARMALADE Mach dieses Scheißkind still!

LUCY In einer Minute schläft sie.

MR. MARMALADE Und in der nächsten Minute wacht sie wieder auf.

LUCY Sie bekommt Zähne. In ein paar Monaten ist es vorbei.

MR. MARMALADE Geh wieder in die Küche! Ich kann meine eigenen Gedanken nicht hören.

LUCY Das tut mir so leid. Stell den Fernseher lauter.

MR. MARMALADE *dreht den Fernseher auf.* Ich höre immer noch nichts.

LUCY Schschschsch. Ruhig. Ruhig.

MR. MARMALADE Wessen Idee war das überhaupt mit dem Baby?

LUCY Sie wird gleich still sein. Schschschsch.

MR. MARMALADE Du hättest es abtreiben sollen.

LUCY Sag so was nicht.

MR. MARMALADE Warum nicht? Dieses Scheißkind bringt mich noch um.

LUCY Es war deine Idee, eine große Familie zu haben.

MR. MARMALADE Vergiss es.

LUCY Du sagtest, du willst das alles. Ein Haus mit einem weißen Gartenzaun. Kinder, die herumtoben.

MR. MARMALADE Das habe ich nie gesagt.

LUCY Doch. Hast du.

MR. MARMALADE Du drehst mir das Wort im Mund um. Bradley!

Bradley erscheint.

BRADLEY Was kann ich für Sie tun, Mr. Marmalade?

MR. MARMALADE Pack meinen ganzen Scheiß zusammen. Ich gehe.

BRADLEY Ja, Sir.

Bradley geht.

LUCY Du kannst nicht gehen!

MR. MARMALADE Ich ertrage diese ganze Scheiße nicht mehr, Lucy.

LUCY Nein. Du darfst nicht gehen.

MR. MARMALADE Das Kind macht mich verrückt.

LUCY Sie bekommt nur Zähne. Es wird in ein, zwei Monaten besser.

Das Baby hört auf zu schreien.

LUCY Siehst du?

MR. MARMALADE In zwei Sekunden wird sie wieder schreien.

LUCY Ich werde dich nicht damit behelligen. Ich gebe keinen Laut von mir. Ich verspreche es.

MR. MARMALADE Tut mir leid.

LUCY Ich kann doch irgendwas tun.

MR. MARMALADE Nichts kannst du tun.

LUCY Mehr putzen. Das Haus verschönern. *Sie putzt.* Siehst du?

MR. MARMALADE Das reicht nicht.

LUCY Wir können Ferien machen. Mexiko.

MR. MARMALADE Ich will nicht mit einem schreienden Baby nach Mexiko.

LUCY Wir können Doktor spielen, wann immer du willst. Sogar nachmittags, wie du es gern hast.

MR. MARMALADE Ich hab genug vom Doktorspielen mit dir.

LUCY Ich sage auch nichts mehr wegen dem Trinken. Möchtest du noch ein Bier? Ich hole dir noch ein Bier.

MR. MARMALADE Es ist zu spät, Lucy.

LUCY Ich bin still. Ich werde ganz still sein. Du wirst gar nicht merken, dass ich lebe.

Bradley kommt mit einem Berg von Koffern und Kisten. Eine Tasche trägt er sogar mit den Zähnen.

BRADLEY *durch die Henkel* Alles gepackt!

MR. MARMALADE Dann gehen wir.

Das Baby fängt an zu schreien.

MR. MARMALADE Siehst du? Genau davon spreche ich die ganze Zeit.

LUCY Warte! Warte! Ich kann das Baby am Schreien hindern.

MR. MARMALADE Vielleicht für eine Sekunde.

LUCY Nein. Ich kann es für immer daran hindern.

Sie läuft in die Küche.

MR. MARMALADE Um Gottes willen. Hast du eine Ahnung, wovon sie redet?

BRADLEY *durch die Henkel* Keinen Schimmer.

MR. MARMALADE Hast du abgenommen?

BRADLEY Zwei Kilo. Wundert mich, dass Sie es bemerken.

MR. MARMALADE Du bist nicht wieder magersüchtig geworden wegen mir, oder?

BRADLEY Natürlich nicht.

MR. MARMALADE Bradley!

BRADLEY Ich zähle die Kalorien.

Das Baby hört plötzlich auf zu schreien. Lucy kommt wieder, über und über voll mit Blut.

LUCY Siehst du? Ich habe es still gemacht. Jetzt hast du Ruhe und Frieden. Du kannst fernsehen.

MR. MARMALADE Du hast es umgebracht?

LUCY Jetzt musst du nicht mehr gehen. Du kannst hierbleiben.

Du kannst dich ausruhen. Ich gebe keinen Laut von mir. Nicht den leisesten Pieps.

MR. MARMALADE Lass uns endlich gehen.

BRADLEY Ja, Sir.

LUCY Nein!

Bradley und Mr. Marmalade verschwinden. Sie ist allein.

LUCY Lass mich nicht allein. Ich hasse es, allein zu sein.

Sookie kommt mit einem Mann herein. Sie sind beide ziemlich betrunken. Sie lachen.

SOOKIE Schsch. Schsch.

Sie stolpern über etwas. Lachen.

SOOKIE Lucy? Bist du etwa noch auf?

MANN Du hast mir nicht gesagt, dass du ein Kind hast.

SOOKIE Geh, warte oben.

MANN Du hast mir nicht gesagt, dass du ein Kind hast.

Der Mann geht. Sookie wird nüchtern.

SOOKIE Wo ist der Babysitter?

LUCY Gegangen. Schon vor Jahren, hab ich das Gefühl.

SOOKIE Was ist das auf deinem Kleid? Oh Gott, blutest du?

LUCY Das ist nicht mein Blut.

SOOKIE Wessen Blut denn?

LUCY Vom Baby. Ich habe es umgebracht, aber er ist trotzdem gegangen.

SOOKIE *nimmt das Blut und riecht daran. Leckt es ab.* Das ist überhaupt kein Blut. Bloß Ketchup.

LUCY Gut. Dann Ketchup.

SOOKIE Wieso schüttest du Ketchup über dich?

LUCY Es war eine dieser Nächte.

SOOKIE Ist das mein Slip?

LUCY Ja.

SOOKIE Du kriegst großen Ärger, junge Dame. Wenn dieses Ketchup nicht abgeht, dann setzt es was.

LUCY Okay.

SOOKIE Ich meine es ernst. Ich weiß nicht, was manchmal in dich fährt.

LUCY Ich auch nicht.

SOOKIE Ich gehe jetzt nach oben. Ich bin super sauer auf dich. Hoffentlich geht der Fleck raus.

LUCY Hoffentlich.

SOOKIE Was?

LUCY Ich sagte, hoffentlich.

SOOKIE Genau. Oder es setzt was.

Sie geht nach oben. Lucy ist allein.

VI.

Die Schlussszene des Stücks, die sich mit Lucys Vorsätzen, was Mr. Marmalade angeht, beschäftigt, die mit Tod endet, wie alle Geschichten, wenn man sie lange genug verfolgt.

Morgen. Lucy spielt mit zwei Barbies. Sie trägt ihr Tutu und eine Strumpfhose. Bradley erscheint. Vielleicht war er bereits im Raum.

LUCY Raus hier, Bradley.

BRADLEY Ich weiß, du willst mich wahrscheinlich nicht sehen.

LUCY Genau.

BRADLEY Ich bringe Neuigkeiten.

LUCY Ich hoffe nur, Mr. Marmalade hat dich nicht auf Friedensmission geschickt, weil das nicht funktioniert. Ich will ihn nie mehr wiedersehen.

BRADLEY Hat er nicht, Lucy.

LUCY Was willst du dann hier?

BRADLEY Mr. Marmalade hat Selbstmord begangen.

LUCY Oh mein Gott.

BRADLEY Ich habe ihn heute Morgen gefunden.

LUCY Wie hat er es gemacht?

BRADLEY Harakiri.

LUCY Wann ist die Beerdigung?

BRADLEY Sie war heute Morgen. Du warst nicht eingeladen. Er wurde verbrannt und seine Asche über den Hudson verstreut. Und dann habe ich »Stairway to heaven« gesungen. Alle fanden die Zeremonie wunderschön.

LUCY Klingt gut.

BRADLEY Er hat dir eine Nachricht hinterlassen. *Er greift in seine Aktentasche und zieht einen Zettel heraus, der aussieht, als sei er tausend Jahre alt. Er gibt ihn Lucy.*

LUCY Ich kann immer noch nicht lesen.

BRADLEY Ich lese ihn vor.

Mr. Marmalade erscheint, nicht im Wohnzimmer, vielleicht in einem Kimono.

BRADLEY und MR. MARMALADE »Liebste Lucy, ich hatte alles, was ich je wollte.«

MR. MARMALADE »Ein Haus mit einem weißen Gartenzaun. Ein neugeborenes Baby. Eine schöne Frau. Aber es hat mich nicht glücklich gemacht. So habe ich alles weggeworfen. Und jetzt kann ich nicht allein leben. Wenn du an mich denkst, hoffe ich, dass du dich nur an die guten Dinge erinnerst. Ich hoffe, du erinnerst dich an Mexiko, wo ich die glücklichste Zeit meines Lebens verbracht habe. Für immer dein, Mr. Marmalade«.

Mr. Marmalade begeht Harakiri. Er verschwindet.

LUCY Hast du ein Feuerzeug?

BRADLEY Zippo oder kindersicher?

LUCY Zippo.

Er greift in seine Aktentasche. Gibt ihr ein Zippo.

LUCY Hast du eine Kaffeedose?

BRADLEY Ja, habe ich tatsächlich.

Er greift in seine Aktentasche und holt eine Kaffeedose heraus. Reicht sie ihr. Lucy zündet die Selbstmordnotiz an und steckt sie in die Kaffeedose.

BRADLEY Was machst du da?

LUCY Ich verbrenne sie.

BRADLEY Willst du sie nicht aufheben?

LUCY Nein. Ich will vergessen, dass ich ihn je gekannt habe.

Der One-Night-Stand kommt herein. Er versucht, nach draußen zu schleichen.

LUCY Guten Morgen.

MANN Guten Morgen. Sarah, richtig?

LUCY Lucy.

MANN Richtig. Lucy. Entschuldigung.

LUCY Und Ihr Name?

MANN Ich heiße Bob.

LUCY Wie alt sind Sie, Bob?

MANN Ich bin 34. Wie alt bist du?

LUCY Ich bin vier.

MANN Vier! Das muss schön sein.

LUCY Es ist ein Kinderspiel.

BRADLEY Guter Humor!

MANN Warte, bis du in meinem Alter bist. Dann sehen die Dinge völlig anders aus.

LUCY Ich werde vermutlich nicht mehr leben, wenn ich in Ihrem Alter bin. Ich bringe mich wahrscheinlich um.

BRADLEY Sag so etwas nicht, Lucy!

MANN Okay. *Die Situation ist ihm unangenehm.* Sagst du bitte deiner Mutter, dass ich gehen musste?

LUCY Sagen Sie es ihr selbst, Bob.

MANN Genau. Ich gehe einfach.

Er geht.

LUCY Arschloch.

BRADLEY Du begehst doch nicht Selbstmord, oder, Lucy?

LUCY Nein. Ich habe bloß gespielt.

BRADLEY Da bin ich froh. Ich muss auch gehen, Lucy. Es war wunderbar, dich wiederzusehen. Bis bald.

LUCY Warte, Bradley.

SOOKIE *aus dem Off* Lucy!

LUCY Hier! Kannst du zwei Sekunden warten, Bradley.

BRADLEY Gern. *Zählt.* Eins, zwei. War ein Spaß.

Sookie kommt herein, fertig angezogen, um zur Arbeit zu gehen. Sie ist vielleicht Kellnerin. Das wäre traurig.

SOOKIE Guten Morgen. *Sie küsst Lucy auf den Kopf.*

LUCY Guten Morgen.

SOOKIE Guten Morgen, Mr. Marmalade. Ist er da? Macht ihr Espresso?

LUCY Nein, Mami. Mr. Marmalade ist tot.

SOOKIE Ach.

LUCY Er hat sich umgebracht. Er hat Hairi Kairi gemacht.

BRADLEY *korrekte Aussprache* Harakiri.

LUCY Harakiri.

SOOKIE Das tut mir leid.

LUCY Mr. Marmalades Personal Assistant ist hier.

BRADLEY Früherer Personal Assistant.

LUCY Früherer Personal Assistant.

SOOKIE Grüß ihn von mir.

BRADLEY Ein Vergnügen, endlich Ihre Bekanntschaft zu machen.

SOOKIE Was riecht so verbrannt?

LUCY Ich habe Mr. Marmalades Selbstmordnachricht verbrannt.

SOOKIE Verdammt, Lucy. Du hättest das lieber wegschmeißen sollen. Und wasch das Ketchup aus meinem Slip, bevor ich nach Hause komme.

LUCY Bob musste gehen.

SOOKIE Ach. Ja, Bob ist ein Freund aus der Firma. Dahin muss ich jetzt. Mrs. Ramirez kommt 45 Minuten später. Kannst du bis dahin die Stellung halten?

LUCY Ich glaube, das kriege ich hin.

SOOKIE Wir sehen uns um sechs heute Abend.

Sie geht.

LUCY Was wirst du jetzt machen, Bradley?

BRADLEY Keinen Schimmer. Ich fühle mich wie ein Schiff auf offenem Meer. Ich habe nicht mal ein Empfehlungsschreiben von Mr. Marmalade. Und der Arbeitsmarkt ist grausam in dieser wirtschaftlichen Situation.

Sookie kommt wieder.

SOOKIE Lucy, da draußen ist ein Junge. Sagt, er heißt Larry. Kennst du einen Jungen, der Larry heißt?

LUCY Hab ich, vor langer Zeit. Was will er?

SOOKIE Er fragt, ob du rauskommen magst und spielen.

LUCY Hat er gesagt, was genau er spielen will?

SOOKIE Ich glaube, er hat gesagt, er will Ball spielen.

LUCY Ball. Habe ich noch nie gespielt.

BRADLEY Ein schönes Spiel. Du solltest es spielen.

SOOKIE Was soll ich Larry sagen?

LUCY Sag ihm, ich überlege es mir.

SOOKIE Okay. Ich sehe dich nach der Arbeit. Vergiss nicht, deinen Mantel anzuziehen. Es wird frisch.

Sie geht nach draußen.

BRADLEY Ich gehe besser auch mal. Fange mit der Jobsuche an.

LUCY Bradley, du kannst hierbleiben, wenn du willst.

BRADLEY Wirklich?

LUCY Klar. Ich kann dir nicht viel zahlen.

BRADLEY Welche Vergünstigungen hast du zu bieten?

LUCY Ziemlich gute.

BRADLEY Zähne?

LUCY Klar.

BRADLEY Rente?

LUCY Jap.

BRADLEY Ich kann 80 Wörter in der Minute schreiben. Ich bin echt gut mit Tabellen. Und ich kenne mich mit Powerpoint aus, wenn du Präsentationen machen musst.

LUCY Das ist okay. Du kannst hier wohnen. Ich mache keine Präsentationen oder so was.

BRADLEY Bist du sicher?

LUCY Ja.

BRADLEY Und was sind meine Aufgaben?

LUCY Was du willst.

BRADLEY Was ich will? Ich weiß nicht, was ich will.

LUCY Das wirst du herausfinden, wenn du es tust.

BRADLEY Okay. Das ist ein Deal.

LUCY Okay.

Larry kommt mit einem gelben Ball herein. Er hat ein blaues Auge.

LARRY He, Lucy.

LUCY He, Larry.

LARRY Gibst du uns mal fünf Minuten unter vier Augen?

BRADLEY Meint er mich?

LUCY Ja.

BRADLEY Natürlich. Ich bin in der Küche.

LUCY Danke, Bradley.

BRADLEY Du solltest ein kaltes Steak auf das blaue Auge legen.

Bradley geht in die Küche.

LARRY Ich habe heute Nacht versucht, mich mit meinem Gürtel aufzuhängen. Ich stand auf dem Stuhl, ich hatte den Gürtel schon um den Hals. Ich war gerade dabei, den Stuhl wegzukicken, als George hereinkam, und er: »Was machst du denn für einen Scheiß, Larry?« und holt mich runter und verhaut mich. Daher kommt das blaue Auge hier.

LUCY Tut mir leid, dass George dich verhauen hat.

LARRY Nein, das war gut. Ich war froh. Weil ich merkte, als

er mich verhauen hat, dass ich nicht sterben wollte. Und dass ich bei dir vorbeikommen wollte und dich fragen, ob du mit mir Ball spielen willst, aber ich verstehe völlig, wenn nicht, weil du Besuch hast und so. Aber wir können es ja ein anderes Mal machen, weil –

LUCY – ich spiele mit dir Ball, Larry.

LARRY Echt?

LUCY Ja.

LARRY Cool. Okay. Ich warte einfach draußen.

LUCY Okay.

LARRY Okay. Bis gleich.

LUCY Bis gleich.

Er geht.

LUCY Bradley, du kannst wiederkommen.

Bradley kommt wieder.

BRADLEY Er war ziemlich gesprächig, stimmt's?

LUCY Er hatte eine Menge zu erzählen.

BRADLEY Spielst du mit ihm Ball?

LUCY Ja.

BRADLEY Ich glaube, es wird dir gefallen. Ein schönes Spiel.

LUCY Wie sehe ich aus?

BRADLEY Du siehst schön aus.

LUCY Danke, Bradley.

BRADLEY *hilft ihr in den Mantel.* Soll ich bleiben?

LUCY Wenn du es willst.

BRADLEY Gern.

LUCY Dann fühl dich wie zu Hause.

BRADLEY Okay.

LUCY Also, bis später.

BRADLEY Bis später.

Sie geht. Bradley geht im Zimmer herum. Berührt die Möbel. Rückt ein paar Dinge zurecht. Zieht seine Schuhe aus. Entdeckt einen verstellbaren Sessel, einen La-Z-Boy. Setzt sich darauf. Zieht den Hebel, um ihn flachzustellen und wieder aufzurichten. Er macht es mehrere Male und hat riesigen Spaß dabei. Bradley lehnt sich zurück, während das Licht langsam erlischt. Vielleicht singt Bradley während der Vorhang fällt, wie in »Was ihr wollt«.

ENDE

LUCKY HAPPINESS GOLDEN EXPRESS

Deutsch von Brigitte Landes

Für Justin und Oona, die nicht einmal wussten, wie man fragt.

Aber ist es nicht oft so, daß ein übervolles Herz mit
den banalsten Worten nach Ausdruck sucht?
Und vermag denn jemand genau zu sagen, wie groß sein
Wünschen und Wollen, seine Innenwelt,
seine Schmerzen sind? Des Menschen Wort ist wie eine
gesprungene Pauke, auf der wir eine Melodie
herautrommeln, nach der kaum ein Bär tanzt, während
wir die Sterne bewegen möchten.

Gustave Flaubert, Madame Bovary

Personen

Thump, hört sich gern selbst reden
Jock, ihr Mann
Andrea, ihre Schwester
Vivian, ihre Mutter, weiß nicht, welcher Tag heute ist
Andrew, ihr Vater, gebrochenes Herz
Jüngere Vivian (gespielt von der Schauspielerin, die Thump spielt)
Jüngerer Andrew (gespielt vom Schauspieler, der Jock spielt)
Steven, ein Kellner, braucht jemanden zum Reden (gespielt vom Schauspieler, der Jock spielt)
Langley, eine Kellnerin, will die Nacht überstehen (gespielt von der Schauspielerin, die Thump spielt)
Missy, ein Gast, will in Ruhe gelassen werden wie Greta Garbo (gespielt von der Schauspielerin, die Andrea spielt)
Martin, Andrews Bruder, glaubt nicht an das Glück (gespielt vom Schauspieler, der Steven und Jock spielt)

Anmerkung zur Besetzung: Es sind also fünf Schauspieler, die elf Rollen spielen. Nur Andrew und Vivian spielen nicht doppelt.

Ort

Grand Rapids, Michigan

Zeit

Der Leuchtturm. Samstagmorgen früh. 24. Juni 1995.
Die Flitterwochen. Montag, 26. Juni 1995 und Juli 1955.
Das Abendmahl. Freitagnacht. 23. Juni 1995.

Thump, Jock, Andrea, Andrew und Vivian in

Der Leuchtturm

Wir hören im Dunkeln die Musik einer spanischen Seifenoper. Ein Zimmer im siebten Stock der Butterworth-Klinik in Grand Rapids, Michigan, es ist Samstag. An der Wand ist ein Fernseher angebracht. Linoleumfußboden. Es ist spät. Oder früh. Nach zwei Uhr morgens. Eben ist ein Gewitter vorbeigezogen, und es regnet noch leicht. Draußen sieht man den Regen, der nachlässt und gegen Ende des Aktes aufhört. Wir sehen die Lichter der Innenstadt von Flint. Andrew liegt im Bett. Jock sitzt da und schaut sich die spanische Seifenoper auf dem kleinen Fernseher an. Thump geht auf und ab.

Eine Bemerkung zu dem »Gebrabbel«: Die Schauspieler sagen nicht Gebrabbel, aber sie sprechen undeutlich.

ANDREW Gebrabbel.

THUMP Der Herr segne dich und behüte dich. Der Herr lasse sein Angesicht über dir leuchten und sei dir gnädig. Der Herr erhebe sein Angesicht über dir und schenke dir Frieden. Amen.

ANDREW Gebrabbel.

THUMP Irgendetwas ist mit meinem Vater passiert, Jock. Mein Vater. Der Mann, der mir gezeigt hat, was Liebe ist.

ANDREW Gebrabbel.

THUMP Sie sagen, es ist ein Schlaganfall. Du sagst dir, natürlich müssen sie sterben, hoffentlich vor dir, aber doch nicht so, Jock. Nicht so. Angst. Schmerz. Ein dumpfes Gefühl im Magen.

ANDREW Gebrabbel.

THUMP Ich bin erschüttert, meinen Vater so zu sehen, Jock. Er kann nur noch brabbeln. Es stellt sich die Frage nach Gnade. Gnade. Was für ein Wort. Gnade. Sag es selbst, Jock. Probier es mal. Ach, übrigens, hast du die Wäsche von der Reinigung abgeholt?

ANDREW Gebrabbel.

THUMP Ich habe versucht, dich auszutricksen, Jock. Damit du mit mir sprichst. Strafen durch Schweigen ist kindisch. Ich weiß, dass du die Wäsche nicht von der Reinigung abgeholt hast, Jock, weil ich es getan habe. Der »Fettfleck« ist nicht verschwunden, da haben wir umsonst gehofft. Seit wann ist unsere Beziehung ein permanentes Anschweigen?

ANDREW Gebrabbel.

THUMP Das war keine rhetorische Frage, Jock. Glaubst du, du hast das Schweigemonopol? Ich erlaube mir, anderer Meinung zu sein. Man kann den Spieß auch umdrehen, mein kleiner Freund.

ANDREW Gebrabbel.

THUMP Okay, Jock. Ich bin nicht so gut im Schweigen. Bitte sag einfach irgendetwas. Bitte. Siehst du, ich kann bitte sagen. Ich weiß, wie man es sagt. Du hast gedacht, ich hätte es vergessen. Hab ich aber nicht. Bitte.

ANDREW Gebrabbel.

THUMP Man kann sich gedanklich auf diesen Moment vorbereiten, aber gefühlsmäßig nicht. Jetzt ist dieser Moment da. Heiße ihn willkommen. Danke fürs Kommen. Gnade. Das ist ein Wort. Gnade. Sag du es mal, Jock. Versuch mal, die Bedeutung dieses Wortes zu erfassen.

ANDREW Gebrabbel.

THUMP Ich habe neben dem Bett meines Vaters geschlafen, wenn ich im Dunkeln Angst hatte. Auf dem Boden, direkt daneben. Genau so wie Megan heute neben unserem Bett schläft. Und weißt du was? Ich habe immer noch Angst. Wie findest du das, Jock?

ANDREW Gebrabbel.

THUMP Und jetzt kann ich nirgendwo mehr hingehen. Nur noch zu dir, Jock, dann kuschele ich mich in deine Arme und warte, bis du sagst: »Du brauchst vor nichts Angst zu haben, Thump, alles ist gut.« Tröstende Worte. Sogar wenn du lügst, tröstet mich das. Hast du darüber nachgedacht, was ich über Gnade gesagt habe? Hast du das Wort schon einmal laut ausgesprochen, hast du das mal probiert?

ANDREW Gebrabbel.

THUMP Nein, nein, du hast Recht. Wir müssen jetzt mit dieser Situation umgehen. Das ist jetzt unser Leben.

ANDREW Gebrabbel.

THUMP Okay. Nein, lass es uns anpacken. Lass es uns gleich anpacken. Ich sage dir jetzt ein Wort mit vielen Silben, vielleicht bedeutet es dir etwas, vielleicht auch nicht, ich weiß das auch nicht mehr. Risikolebensversicherung. Ich habe es jetzt ausgesprochen, und ich fühle mich besser, weil ich es ausgesprochen habe.

ANDREW Gebrabbel.

In der Ferne ist ein Zug zu hören.

THUMP Risikolebensversicherung, Jock. Auszahlung einer Pauschalsumme. Ich bin die Hauptbegünstigte. Wenn der Kunde während der Dauer der Laufzeit nicht stirbt, bekommt der Begünstigte, ich, nichts. Wir bekommen nichts. Verstehst du, was ich dir sage, Jock? Ja, es geht um Geld, aber die Frage nach der Gnade ist größer.

ANDREW Gebrabbel.

THUMP Das ist Deutsch. Ich verwende einfache Sätze. Wenn wir warten, hallo, danke schön fürs Mitmachen, kriegen wir nichts. Aber wenn wir es abkürzen, und wenn ich wir sage, meine ich du, dann kriegen wir einen Betrag, der unseren

Kindern eine bessere Ausbildung ermöglicht und uns weiterhin das Teilzeit-Nutzungsrecht für unser Ferienapartment im sonnigen Florida sichert. Timothy braucht bald eine Zahnspange, er hat deine Zähne, nicht meine. Meinst du etwa, eine zweite Hypothek bezahlt sich von selbst?

ANDREW Gebrabbel.

THUMP Du fragst dich, traue ich mich das? Trau ich mich? Hast du dir diese Frage gestellt, Jock? Egal, ob du dich das gefragt hast oder nicht, meine Antwort ist die: Die Sache selbst ist nicht schwierig. Aber mit den Konsequenzen leben. Und welche sind das? Sicherheit. Finanzielle Unabhängigkeit. Tut mir leid, aber sollen wir von deinen Aufträgen leben?

ANDREW Gebrabbel.

THUMP Dieses Gemurmel ist nicht mein Vater. Nicht einmal der Schatten des Mannes, der mir gezeigt hat, was Liebe ist. Der mich mehr verletzt hat als jeder andere Mensch. Den ich geliebt habe, trotzdem. Nicht geliebt habe. Liebe. Pferden gibt man den Gnadenschuss, oder nicht?

ANDREW Gebrabbel.

THUMP Wieder, keine rhetorische Frage. Ja, das tut man. Wenn sie sich ein Bein brechen. Weil sie nie wieder laufen werden, Jock. Und ich will diese Pferdemetapher nicht überstrapazieren, aber mein Vater wird nie wieder er selbst sein.

ANDREW Gebrabbel.

THUMP Das ist jetzt zeitlich eine heikle Situation. Meine Schwester, sie ist auf dem Weg hierher. Heute Nacht. Um ihren Vater zu sehen. In seiner Zeit der Not. Und was ist es, was ihm nottut? Wir tun ihm not, wir müssen ihm helfen. Hilfe, Jock. Gnade. Wir wollen ihm helfen. Und wenn ich wir sage, meine ich du. Jock. Gnade. Jetzt. Jock. Jock. Hör zu, Jock.

JOCK Schon gut, halt einfach deine Scheißfresse.

THUMP Nein, du hast total Recht. Es gibt dazu nichts mehr zu sagen.

JOCK Und wie soll ich es machen?

THUMP Wie? Was für eine Frage. Wie? Ich habe keine Erfahrung mit solchen Situationen. Wie erlöst man eine Seele von einem Körper? Meine Antwort: Kissen.

JOCK Wann?

THUMP Jetzt.

ANDREW Gebrabbel.

JOCK Meine Soap wird gerade gut.

ANDREW Gebrabbel.

THUMP Jock, du guckst dir eine spanische Seifenoper an und sprichst kein Wort Spanisch.

JOCK Körpersprache. *Er steht auf und holt ein Kissen.*

ANDREW Gebrabbel.

THUMP Ich will meinem Vater nur noch Lebewohl sagen. Selig sind, die da Leid tragen; denn sie sollen getröstet werden. Selig sind die Sanftmütigen; denn sie werden die Erde besitzen. Selig, die da hungern und dürsten nach der Gerechtigkeit; denn sie sollen satt werden. Selig sind die Barmherzigen, denn sie werden Barmherzigkeit erlangen. Amen. Lebewohl, Vater. Lebewohl.

JOCK Jetzt?

ANDREW Gebrabbel.

THUMP Warte! Jock, tun wir auch das Richtige?

JOCK Ähm, nein?

ANDREW Gebrabbel.

THUMP Die Antwort ist ganz einfach. Nein, du irrst dich. Genau darum würde er bitten, wenn er noch um irgendetwas bitten könnte.

JOCK Das bezweifle ich ernsthaft.

THUMP Ich will das doch auch nicht, Jock. Nein. Es geht darum, was er wollen würde. Nur darum geht es. Die Antwort? Ganz einfach. Gnade.

ANDREW Gebrabbel.

JOCK Willst du immer noch, dass ich es tue?

THUMP Es geht nicht darum, was ich will, Jock.

JOCK Okay. Verstanden. Er würde es wollen.

THUMP Richtig.

JOCK Soll ich es immer noch tun?

ANDREW Gebrabbel.

THUMP Ja. Jetzt. Lass uns Gnade üben.

Jock nimmt das Kissen und legt es auf Andrews Gesicht.

THUMP Ich kann das nicht sehen!

ANDREW Gebrabbel.

THUMP *schaut zwischen ihren Fingern hindurch.* Drück fest zu, Jock. Mach keinen Fehler. Bis keine Luft mehr in ihm ist. Ich zittre!

ANDREW Gebrabbel.

ANDREA *im Off* Hallo?

JOCK Oh, Scheiße.

THUMP Verhalte dich ganz normal.

ANDREW Gebrabbel.

Beide verhalten sich ganz normal. Thump geht auf die Knie und betet. Jock probiert verschiedene Arten aus, sich an die Wand zu lehnen. Andrea kommt herein.

ANDREA Hallo?

THUMP Meine Schwester, meine allerliebste Schwester.

ANDREW Gebrabbel.

Thump weint etwas zu heftig an Andreas Schulter.

ANDREA Hi, Jock.

JOCK Hey, wie geht's?

THUMP Sprich mit ihm. Meine Schwester. Meine allerliebste Schwester.

ANDREA Vater? Hier ist Andrea.

ANDREW Gebrabbel.

ANDREA Ich bin jetzt da.

ANDREW Gebrabbel.

ANDREA Kann er mich verstehen?

THUMP Das wissen wir nicht und werden es nie wissen.

ANDREA Thump.

THUMP Ich weiß.

ANDREA Unser Vater. Nie hätte ich das für möglich gehalten.

THUMP Unser Leben wird leerer sein. Diese Welt auch.

ANDREA Erinnerst du dich, wie er uns immer zum Essen eingeladen hat? Die gemeinsamen Abende. Oder wenn er Pfannkuchen gemacht hat. Oder wenn er so schallend gelacht hat.

THUMP Ich erinnere mich viel zu oft. Ich zittre!

Vivian kommt herein. Langes graues Haar.

ANDREA Mutter?

VIVIAN Was?

ANDREA Vater ist da drüben.

Vivian schaut zu Jock, der sich noch immer an die Wand lehnt und so tut, als sei alles ganz normal.

VIVIAN Wer bist du denn?

ANDREW Gebrabbel.

JOCK Ich bin dein Schwiegersohn.

THUMP Du kennst doch Jock, meinen Mann.

JOCK Schön, dich wiederzusehen, Mutter. *Er küsst sie auf die Wangen.*

Es ist merkwürdig.

VIVIAN Wo ist Andrew?

ANDREA Er ist hier. Willst du eine Weile mit ihm allein sein?

VIVIAN Was soll ich jetzt sagen?

ANDREA Was du fühlst.

ANDREW Gebrabbel.

THUMP Wir lassen sie eine Weile allein, ja? Ich hole uns allen Kaffee aus dem Automaten. Ja. Wir werden Nachtwache halten wie in alten Zeiten. Wie unsere Vorfahren.

Jock und Thump gehen raus.

ANDREA Kommst du allein zurecht, Mutter?

VIVIAN Ich bin nicht allein. Ich bin bei ihm.

ANDREW Gebrabbel.

ANDREA Richtig. Du bist bei ihm. *Sie küsst sie auf die Stirn. Andrea geht raus.*

VIVIAN Warum hat uns das keiner gesagt, Andrew? Dass es so sein würde.

ANDREW Gebrabbel.

VIVIAN Weißt du noch, wie ich mich im Dunkeln gefühlt habe?

ANDREW Gebrabbel.

VIVIAN Manchmal, wenn ich mitten in der Nacht aufwache, habe ich das Gefühl, dass du neben mir liegst. Obwohl es schon Jahre her ist. Ich habe immer noch das Gefühl, dass du neben mir liegst. Immer noch. Aber das Bett neben mir ist leer. Manchmal weine ich ins Kissen. Ich will nicht, dass mich jemand weinen hört. Hast du das gewusst, Andrew? Ich habe immer noch das Gefühl, dass du da bist, im Bett, im Dunkeln.

ANDREW Gebrabbel.

VIVIAN Manchmal gehe ich zum Leuchtturm. Erinnerst du dich an den Leuchtturm?

ANDREW Gebrabbel.

VIVIAN Es war Nacht. So wie jetzt. Das Mondlicht. Wir sind in der Dunkelheit schwimmen gegangen. Das Licht drehte und drehte sich im Kreis.

ANDREW Gebrabbel.

VIVIAN Andrew, erinnerst du dich daran? Sie kommt mir wirklicher vor, die vergangene Zeit, als die Zeit jetzt.

ANDREW Gebrabbel.

VIVIAN Wir sind geschwommen und haben geplanscht. Es war August. Das Wasser war noch warm. Du hast mir ein Lied vorgesungen. Erinnerst du dich noch an die Melodie? Ich schon.

ANDREW Gebrabbel.

VIVIAN Wir sind aus dem Wasser gekommen. Du hast mich in den Arm genommen. Niemand hat mich je so fest gehalten.

ANDREW Gebrabbel.

VIVIAN Niemand hat mir je gesagt, dass Liebe weh tun würde. Warum hat uns das niemand gesagt? Zwei Kinder. Im Mondlicht. Am Strand. Wir konnten es nicht wissen. Hätten wir aufgehört, wenn wir es gewusst hätten? Wahrscheinlich nicht.

ANDREW Gebrabbel.

VIVIAN Erstaunlich, was die Zeit mit einem macht. Erstaunlich, wie sie einen zerstört. Die Frage ist nur, wie schnell.

ANDREW Gebrabbel.

VIVIAN Jene Nacht am Wasser. Das Licht drehte und drehte sich im Kreis. Du hast mich geküsst. Erinnerst du dich? So fest und so lang.

ANDREW Gebrabbel.

VIVIAN Darf ich dich küssen? Andrew? Hättest du ganz doll was dagegen? Nur noch einmal. Wie im Mondlicht. So. *Sie küsst ihn lang und fest.*

Alle kommen herein.

THUMP Um Himmels willen, Mutter, was machst du?

VIVIAN Tut mir leid, hab ich was Schlimmes gemacht?

ANDREA Nein, Mutter, du hast nichts Schlimmes gemacht. Komm, wir holen Kaffee und warten, was der Arzt sagt. Das wird eine lange Nacht.

VIVIAN Sind nicht alle Nächte lang?

ANDREA Ja, Mutter, alle.

Alle gehen, außer Jock.

ANDREA Jock, kommst du?

JOCK Nein, danke. Ich hatte genug Kaffee, und ich bleibe hier und passe auf ihn auf.

THUMP Habt ihr das gehört? Er liebt ihn wie seinen eigenen Vater.

VIVIAN Vorbei, vorbei, vorbei, vorbei, vorbei.

Alle gehen raus. Jock und Thump wechseln im Rausgehen einen Blick.

ANDREW Gebrabbel.

Jock dreht den Fernseher auf. Er nimmt das Kissen und geht zu Andrew. Das Licht geht über ins Black, während die Musik der spanischen Seifenoper lauter wird.

Thump, Jock, Andrew, Andrea und Vivian in

Der Leuchtturm (Reprise)

Andrew liegt im Bett. Jock sitzt und schaut eine spanische Seifenoper an. Thump geht auf und ab. Dasselbe wie vorher.

ANDREW Sie muss jetzt kommen. Jetzt, in meinem Zustand. Das muss sie.

THUMP Gebrabbel.

ANDREW Ich habe zu Abend gegessen im »Lucky Happiness Golden Express«. Das Gleiche wie immer. Das Tagesgericht. Allein. Es hat geregnet. An den Rest erinnere ich mich nicht.

THUMP Gebrabbel.

ANDREW Der Tisch in der Ecke. Ein Mai Tai. Einen Happen. Und dann? Nichts.

THUMP Gebrabbel.

ANDREW Allein gelassen mit meiner eigenen Stimme. Niemand hört zu.

THUMP Gebrabbel.

ANDREW Vivian wird kommen. Das muss sie jetzt. Vorher nicht, aber jetzt, in meinem Zustand.

THUMP Gebrabbel.

ANDREW Dasselbe wie immer. Das Tagesgericht. Allein, Regen. An den Rest erinnere ich mich nicht.

In der Ferne ist ein Zug zu hören.

Erinnerst du dich, als du zu Weihnachten Schlittschuhe bekommen hast? Und du bist nur noch Schlittschuh gelaufen. Ich musste dich dreimal die Woche zur Eisbahn bringen. Erinnerst du dich, als dir jemand deine Schlittschuhe geklaut hat, und du hast eine Woche lang geweint? Niemand hat sie geklaut, ich selbst habe sie in den Fluss geworfen. Tut mir leid. Das habe ich dir nie erzählt.

THUMP Gebrabbel.

ANDREW Und das ist die Crux bei der Sache. Was wir alles für uns behalten. Wenn man etwas Wahres sagt, dann befreit es einen. Daran glaube ich.

THUMP Gebrabbel.

ANDREW Und was habe ich dir alles nicht gesagt? Wie viele Worte hielt ich fest in meiner Faust verschlossen?

THUMP Gebrabbel.

ANDREW Da bin ich. Ein alter Mann allein mit seiner eigenen Stimme. Niemand hört zu.

THUMP Gebrabbel.

ANDREW Vivian muss kommen. Jetzt, in meinem Zustand. In diesem Zustand. Das muss sie jetzt.

THUMP Gebrabbel.

ANDREW Thump, erinnerst du dich, als ich dir erzählt habe, dass Halloween ausfällt? Das war gemein, und das hätte ich nicht tun sollen. Du hast die ganze Nacht über heulend auf der Couch gesessen, als Kühlschrank verkleidet. Es tut mir so leid.

THUMP Gebrabbel.

ANDREW Und als du deine erste Periode hattest und ich dir erzählt habe, dass du stirbst. Das war falsch, und ich bereue es. Da hast du deinen letzten Willen, dein Testament, mit Kreide aufgeschrieben, im Alter von 13. Das tut mir so leid.

THUMP Gebrabbel.

JOCK Gebrabbel.

ANDREW Du hast mich gefragt. Gibt es einen Gott? Ich habe gesagt, nein. Das tut mir leid. Wirklich.

THUMP Gebrabbel.

JOCK Gebrabbel.

ANDREW Die Hölle, das sind nicht die anderen.

THUMP Gebrabbel.

ANDREW Sondern die Unfähigkeit, mit ihnen zu kommunizieren.

JOCK Gebrabbel.

ANDREW Die Seele der Freude lebt in den gemeinsamen Momenten.

THUMP Gebrabbel.

JOCK Gebrabbel.

ANDREW Was soll ich sagen?

THUMP Gebrabbel.

JOCK Gebrabbel. *Er steht auf und nimmt ein Kissen.*

THUMP Gebrabbel.

JOCK Gebrabbel.

ANDREW Es tut mir leid. Verzeih mir für all die Schmerzen, die ich dir zugefügt habe. Ich hätte dich mehr lieben sollen.

THUMP Gebrabbel.

JOCK Gebrabbel.

ANDREW Woher hätte ich es wissen sollen?

THUMP Gebrabbel.

JOCK Gebrabbel.

THUMP Gebrabbel.

ANDREW Woher hätte ich es wissen sollen?

JOCK Gebrabbel.

THUMP Gebrabbel.

JOCK Gebrabbel.

THUMP Gebrabbel.

JOCK Gebrabbel.

ANDREW Woher hätte ich es wissen sollen?

Jock nimmt das Kissen und drückt es auf Andrews Gesicht. Andrew wehrt sich und schreit.

THUMP Gebrabbel.

ANDREW Bitte.

THUMP *schaut durch ihre Finger hindurch zu.* Gebrabbel.
ANDREW Doch nicht so.
ANDREA *im Off* Gebrabbel.
JOCK Gebrabbel.
THUMP Gebrabbel.
ANDREW Ein paar Wunder sind noch übrig. Gerade genug.

Jock und Thump verhalten sich ganz normal. Thump geht auf die Knie und betet. Jock probiert verschiedene Arten aus, sich an die Wand zu lehnen. Andrea kommt herein.

ANDREA Gebrabbel.
THUMP Gebrabbel.
ANDREW Allein mit meiner eigenen Stimme. Hilf mir. Hilf mir.

Thump tut so, als ob sie weint. Sie umarmt Andrea.

ANDREA Gebrabbel.
JOCK Gebrabbel.
ANDREA Gebrabbel.
THUMP Gebrabbel.
ANDREA Gebrabbel.
ANDREW Wisst ihr noch, als ich euch beiden erzählt habe, dass ihr groß werden und nicht glücklich sein würdet?
ANDREA Gebrabbel.
ANDREW Es tut mir so leid, dass ich Recht hatte.
ANDREA Gebrabbel.
ANDREW Verzeiht mir. Bitte.
THUMP Gebrabbel.
ANDREA Gebrabbel.
THUMP Gebrabbel.
ANDREW Und dann:

Vivian kommt herein. Langes weißes Haar.

ANDREA Gebrabbel.
VIVIAN Gebrabbel.
ANDREW Kommt mein Engel herein.

ANDREA Gebrabbel.

VIVIAN Gebrabbel.

ANDREW Eine Wiedervereinigung. Eine Familie.

JOCK Gebrabbel.

THUMP Gebrabbel.

ANDREW Es ist jetzt Jahre her. Wir alle in einem Zimmer.

VIVIAN Gebrabbel.

THUMP Gebrabbel.

ANDREW Eine Familie, wie sie sein soll.

VIVIAN Gebrabbel.

ANDREA Gebrabbel.

VIVIAN Gebrabbel.

ANDREA Gebrabbel.

ANDREW Wenn es nur mehr Augenblicke gegeben hätte wie diesen.

THUMP Gebrabbel.

Thump und Jock gehen raus.

ANDREA Gebrabbel.

Andrea geht raus.

ANDREW Nachdem du gegangen warst, habe ich mir gesagt, oh, du wirst einen anderen Ort finden, an den dein Herz gehört. Ich hätte mich nicht stärker täuschen können.

VIVIAN Gebrabbel.

ANDREW Ich erkenne deine Gestalt sogar im Dunkeln.

VIVIAN Gebrabbel.

ANDREW Erinnerst du dich an den Leuchtturm, mein Liebling?

VIVIAN Gebrabbel.

ANDREW Es war Nacht, so wie jetzt. Wir kamen von der Party bei meinem Bruder. Wir waren nachts noch nie allein.

VIVIAN Gebrabbel.

ANDREW Das Licht drehte und drehte sich im Kreis.

VIVIAN Gebrabbel.

ANDREW Wir sind schwimmen gegangen. Das Wasser im August war noch warm, sogar nachts. Zum ersten Mal nackt vor einer Frau.

VIVIAN Gebrabbel.

ANDREW Ich habe dir ein Lied vorgesungen. Erinnerst du dich an die Melodie?

VIVIAN Gebrabbel.

ANDREW Ich schon.

VIVIAN Gebrabbel.

ANDREW *singt* My brown-haired girl would dance a reel behind the ridge last night.
My brown-haired girl would dance a reel behind the garden.
My brown-haired girl would dance a reel behind the ridge last night.
Bravo, my brown-haired girl behind the garden.

VIVIAN Gebrabbel.

ANDREW *singt* Bravo, my brown-haired girl behind the ridge last night.
Bravo, my brown-haired girl behind the garden.

VIVIAN Gebrabbel.

ANDREW Du hast mich zerstört, Vivian. Ich war jahrelang nicht am Leben. Ich habe mir gesagt. Oh, es wird einen anderen Ort geben, zu dem du gehörst. Nein. Ich gehöre zu dir.

VIVIAN Gebrabbel.

ANDREW Küss mich. Mein Liebling. Wie in jener Nacht. Am Strand. Als wir bloß zwei Kinder waren, die es nicht besser wussten. Als wir dachten, dieses Gefühl würde für immer bleiben. Küss mich noch einmal so.

Sie küsst ihn lang und fest.

Alle kommen herein.

THUMP Gebrabbel.

VIVIAN Gebrabbel.

ANDREW Nein! Nicht aufhören!

ANDREA Gebrabbel.

VIVIAN Gebrabbel.

ANDREW Ich habe vergessen, wie du schmeckst.

ANDREA Gebrabbel.

ANDREW Es ist nicht zu spät, um noch einmal anzufangen. WOHER HÄTTEN WIR DAS WISSEN SOLLEN!?!

Alle gehen, außer Jock.

ANDREA Gebrabbel.

JOCK Gebrabbel.

ANDREW Bitte! Ich war so glücklich!

THUMP Gebrabbel.

VIVIAN Gebrabbel.

Alle gehen ab. Jock und Thump wechseln einen Blick im Gehen.

ANDREW Hätte es nur mehr solche Augenblicke gegeben wie diesen.

Jock dreht den Fernseher auf. Er nimmt das Kissen und geht zu Andrew. Das Licht geht über ins Black, während die Musik der spanischen Seifenoper lauter wird.

Vivian, Andrea, Andrew and Jock in

Die Flitterwochen

Das El-Dorado-Hotel in Grand Rapids, Michigan. Eine kleine Suite, ganz hübsch, die Art Hotelzimmer, die es überall gibt. Montag, zwei Tage später, nach Andrews Beerdigung. Vivian und Andrea tragen Schwarz.

VIVIAN Schluss jetzt. »Mein herzliches Beileid.« Meine Frage ist: Wie viel davon gilt mir?

ANDREA Setz dich hin, Mutter.

VIVIAN Mir ist nicht nach Sitzen zumute. Und du bist nicht mein Chef. Wo sind wir, Liebling?

ANDREA Im El-Dorado-Hotel.

VIVIAN Wir wohnen nicht hier?

ANDREA Nein. Wir wohnen in einem Haus. Am Wasser.

VIVIAN Habe ich ein eigenes Zimmer, oder muss ich es teilen?

ANDREA Du hast dein eigenes Zimmer. Mit Blick auf die Birken.

VIVIAN Die Birken, die im Wind schaukeln.

ANDREA Genau so.

VIVIAN *schaut aus dem Fenster.* Die Aussicht hier ist scheiße. Was soll das da sein?

ANDREA Das ist ein Schacht.

VIVIAN Wo sind die Birken?

ANDREA Vor dem anderen Fenster.

VIVIAN Mir gefällt es hier nicht.

ANDREA Morgen gehen wir.

VIVIAN Lass uns jetzt gehen.

ANDREA Es ist spät. Wir gehen morgen früh. Warum setzt du dich nicht hin?

VIVIAN Du bist nicht mein Chef! Warum trage ich Schwarz?

ANDREA Du weißt, warum, Mutter.

VIVIAN Weil es das neue Pink ist?

ANDREA Versuch's noch mal.

VIVIAN Weil Andrew tot ist.

ANDREA Ja, wir haben ihn heute Morgen beerdigt.

VIVIAN Es steht dir gut. Du solltest öfter trauern.

ANDREA Mir reicht das jetzt für eine Weile.

VIVIAN Und das Buffet! Lass mich bloß nicht mit dem Buffet anfangen. Versprich mir, wenn ich sterbe, wird es kein Buffet geben, nicht die Andeutung von einem Buffet.

ANDREA Versprochen.

VIVIAN Habe ich geweint?

ANDREA Nein.

VIVIAN Und du?

ANDREA Ja, ich habe geweint.

VIVIAN Und wieso ich nicht?

ANDREA Das weiß ich nicht. Es ist jetzt auch egal.

VIVIAN Es ist jetzt nicht egal! Ich will weinen.

ANDREA DANN WEINE!

VIVIAN ICH KANN NICHT!

ANDREA Vielleicht kannst du nicht weinen, weil du diejenige bist, die unsere Familie verlassen hat. Aber vielleicht bilde ich mir das auch nur ein.

VIVIAN Warum habe ich das gemacht? Warum hätte ich euch verlassen sollen?

ANDREA Wir bringen dich jetzt ins Bett. Es war ein langer Tag.

VIVIAN Sind nicht alle Tage lang?

ANDREA Ja, aber dieser ist länger als die meisten. Wir haben heute meinen Vater beerdigt. Ich habe seine Lippen geküsst. Obwohl sie kalt waren, habe ich seine Lippen geküsst. *Sie versucht, nicht zu weinen.*

VIVIAN Weine nicht. Mein Schatz, hab ich etwas Schlimmes gemacht?

ANDREA Nein, Mutter, du hast nichts Schlimmes gemacht.

VIVIAN Warum habe ich unsere Familie verlassen?

ANDREA Darüber reden wir morgen.

VIVIAN Ich will aber jetzt darüber reden!

ANDREA DU WILLST JETZT DARÜBER REDEN?

VIVIAN DAS HABE ICH GERADE GESAGT!

ANDREA *beruhigt sich.* Gut, Mutter. Du hast gesagt, dass du nicht genug Liebe geben kannst. Deinem Ehemann. Thump. Mir.

VIVIAN Das habe ich gesagt?

ANDREA Du hast noch mehr gesagt. Du hast gesagt, du hast nicht genug Liebe. Also hast du uns verlassen, damit du allein sein kannst und nicht so tun musst, als ob du jemanden liebst.

VIVIAN Ist das eine wahre Geschichte?

ANDREA Das ist die wahrste Geschichte, die ich kenne.

VIVIAN Wie schrecklich.

ANDREA Sie hat gewissermaßen mein Leben geprägt. Die Entscheidung, die du getroffen hast.

VIVIAN Jetzt erinnere ich mich wieder. Ich erinnere mich, wie ich in mich geschaut habe, und da, wo etwas Ganzes hätte sein sollen, war nur ein leerer Raum. Und diesen Raum konnte ich nicht ausfüllen. Ich habe es versucht, mein Schatz. Du weißt, dass ich es versucht habe, nicht wahr?

ANDREA Gut, du hast es versucht. Aber ich finde, du hättest es stärker versuchen können.

VIVIAN Das habe ich! Ich habe mein Bestes gegeben!

ANDREA Offenbar war dein Bestes nicht gut genug.

VIVIAN Nein. Offenbar nicht.

ANDREA Also hast du uns verlassen. Und du warst viele Jahre allein und musstest nicht so tun, als ob du jemanden liebst.

VIVIAN Ich habe es versucht.

ANDREA Gott allein weiß, was du die ganze Zeit gemacht hast. Und dann begann dein Gedächtnis nachzulassen. Du konntest dich nicht mehr selbst versorgen.

VIVIAN Ich hab es so sehr versucht.

ANDREA Und jetzt versorge ich dich. Mach dir dein Essen, bring dich zu Bett. Gehe mit dir spazieren, wechsle dein Laken, wenn dir ein Missgeschick passiert ist. Ich konnte den Gedanken nicht ertragen, dich in einem Heim zu sehen, wo du niemanden kennst.

VIVIAN Ich habe es versucht, aber es hat nicht geklappt.

ANDREA Du.

VIVIAN Nicht die Spur.

ANDREA Du! Du. Die nicht genug Liebe geben konnte.

VIVIAN Es tut mir leid.

ANDREA Ich fürchte, Leidtun reicht nicht.

VIVIAN Und wenn ich sage, es tut mir wirklich leid?

ANDREA Nein, Mutter. Was du getan hast und was ich jetzt tun muss, das geht weit über Leidtun hinaus.

VIVIAN Du magst mich nicht besonders.

ANDREA Ich liebe dich, Mutter. Wirklich. Ich bin nicht wie du. Ich habe die Fähigkeit, sogar die Menschen zu lieben, die mich am meisten verletzt haben.

VIVIAN Ich habe dich verletzt.

ANDREA Weit mehr als das Wort bedeutet.

Schweigen. Wirkliches Schweigen.

VIVIAN Wo sind wir, mein Schatz?

ANDREA In einem Hotel. Dem El Dorado.

VIVIAN Die Aussicht ist scheiße.

ANDREA Morgen gehen wir nach Hause, und du wirst aus dem richtigen Fenster schauen.

VIVIAN Hier haben Andrew und ich unsere Flitterwochen verbracht.

ANDREA Ach ja?

VIVIAN Wir konnten es uns nicht leisten. Sein Bruder Martin hat das Zimmer bezahlt. Lass mich bloß nicht von dem anfangen.

ANDREA Tu ich nicht.

VIVIAN Super erfolgreich, gut. Aber hör bloß mit dem auf. Er ließ einen gar nicht zu Wort kommen. Hat immerzu geredet und geredet über sein Vermögen, sein Geschäft. Lass mich bloß nicht von dem anfangen.

ANDREA Du hast damit angefangen.

VIVIAN Martin soll sich selbst ficken samt dem Pferd, das er reitet. Friede seiner Seele.

ANDREA Warum erzählst du mir nicht mehr von euren Flitterwochen, Mutter?

VIVIAN Wir haben in der Elm Street geheiratet. In der Allerseelen-Episkopalkirche. Nach Ansicht aller war es das gesellschaftliche Ereignis der Saison. Ich trug Weiß. Zu meiner Zeit wartete man, bis man verheiratet war. Nur die Italiener und die Neger nicht. Aber wir haben gewartet. Wir sind hierhergekommen. Mitte Juli. Es war im Hochsommer, es war stickig. Ich bin rausgelaufen. Aber ich bin zurückgekommen. Ich bin zurückgekommen. *Sie lacht vor sich hin.*

ANDREA Was ist so lustig?

VIVIAN Etwas, was Andrew gesagt hat. Was hat er gesagt?

ANDREA Das weiß ich nicht, Mutter. Ich war nicht dabei.

VIVIAN Mein Gott, konnte er mich zum Lachen bringen.

ANDREA Er konnte dich auch zum Weinen bringen.

VIVIAN Er hat geflucht wie ein Matrose.

ANDREA Er konnte mich zum Weinen bringen.

VIVIAN Ich rufe Andrew morgen früh an und frage ihn. Er hat das beste Gedächtnis.

ANDREA Mutter.

VIVIAN Was? Du hast Recht. Ich warte bis nach dem Frühstück.

ANDREA Vater ist tot.

VIVIAN Seit wann?

ANDREA Seit zwei Tagen.

VIVIAN Habe ich davon gewusst?

ANDREA Hast du.

VIVIAN Deshalb trage ich Schwarz.

ANDREA Und deshalb trage auch ich Schwarz.

VIVIAN Es steht dir. Du solltest öfter trauern. Habe ich geweint?

ANDREA Nein.

VIVIAN Warum nicht?

ANDREA Das weiß ich nicht.

VIVIAN Warum habe ich nicht geweint?!?

ANDREA Das weiß ich nicht!

VIVIAN DAS IST UNGERECHT!!

ANDREA DANN WEINE ENDLICH!!

VIVIAN Warum schreist du mich an?

ANDREA Das ist jetzt egal. Warum setzt du dich nicht hin, Mutter?

VIVIAN Es war Mitte Juli. Entsetzliche Hitze. Ich trug Weiß. Nur die Italiener und die Neger haben nicht gewartet. Ich bin rausgelaufen. Und dann. Was passiert dann? Was passiert dann?

ANDREA Mutter, beruhige dich.

VIVIAN Du bist nicht mein Chef!

ANDREA Das weiß ich.

VIVIAN Wenn ich sterbe, versprich mir, dass es kein Buffet geben wird, nicht die Spur von einem Buffet.

ANDREA Versprochen. Kein Buffet.

VIVIAN Mein Schatz, wann werde ich sterben?

ANDREA Ich hoffe, noch lange nicht. Trotz allem. Ich hoffe, noch sehr, sehr lange nicht.

VIVIAN Worüber reden wir? Tage, Monate, Jahre, worüber reden wir?

ANDREA Ich hoffe, wir reden über Jahre.

VIVIAN Nicht Jahre.

ANDREA Doch, Jahre.

VIVIAN Kann es nicht früher sein?

ANDREA Nein, Mutter, kann es nicht.

VIVIAN Weil, ich hasse diese Welt.

ANDREA Das weiß ich.

VIVIAN Ich hasse diese Welt.

ANDREA Lass uns ins Bett gehen.

VIVIAN Ich hasse sie.

ANDREA Ich weiß. Ich auch. Lass uns ins Bett gehen.

VIVIAN Das Zimmer hat eine Scheißaussicht.

ANDREA Morgen gehen wir nach Hause. Und du kannst aus dem richtigen Fenster schauen.

VIVIAN Die Birken.

ANDREA Die Birken im Wind.

VIVIAN Und du machst das Frühstück?

ANDREA Spiegelei. Und falls das Wetter okay ist, machen wir einen Spaziergang zum See.

VIVIAN Mal es mir aus.

ANDREA Und dann kommen die Jungs aus der Schule nach Hause.

VIVIAN Okay, gekauft.

ANDREA Und dann kommt dein Schwiegersohn, mein Mann Marc, von der Arbeit nach Hause.

VIVIAN Weiter.

ANDREA Und wir essen zu Abend. Und wir bringen die Jungs ins Bett. Und ich bringe dich ins Bett.

VIVIAN Weiter.

ANDREA Und ich singe dir was vor.

VIVIAN Welches Lied singst du?

ANDREA Das Lied, das du mir vorgesungen hast, wenn ich im Dunkeln Angst hatte.

VIVIAN Wie geht es?

ANDREA *singt* My brown-haired girl would dance a reel behind the ridge last night.
My brown-haired girl would dance a reel behind the garden.
My brown-haired girl would dance a reel behind the ridge last night.

VIVIAN Und dann, wie weiter?

ANDREA Und dann schläfst du ein, und wir wachen auf, und alles fängt wieder von vorne an.

VIVIAN Das ist zu lang für ein Leben.

ANDREA Nein. Es ist gerade genug.

VIVIAN Juli. Entsetzliche Hitze. Ich trug Weiß. Ich bin rausgelaufen. Und er hat gesagt. Und er hat gesagt. Ich kann anrufen, aber niemand wird abnehmen.

ANDREA Nicht mehr.

VIVIAN Andrew ist tot.

ANDREA Ja. Wir haben ihn heute Morgen beerdigt.

VIVIAN Die Leute an der Rezeption haben immerzu »Mein herzliches Beileid« gesagt.

ANDREA Es hat ihnen leidgetan. Um deinen Mann. Um uns.

VIVIAN Wie viel davon gilt mir?

ANDREA Alles gilt dir, wenn du es willst.

VIVIAN Ja, ich will es. Alles.

ANDREA Dann gilt dir alles.

VIVIAN *kann weinen.* Jetzt kann ich weinen. Siehst du?

ANDREA Das sehe ich. Das ist sehr gut, Mutter. Das machst du sehr gut.

VIVIAN Andrew? Siehst du? Ich kann jetzt weinen. Ich kann weinen.

Andrea hält sie, und Vivian kann jetzt weinen. Das Licht erlischt. Black.

Vierzig Jahre früher. Juli. Drückende Hitze. Dasselbe Hotel. Im Off hören wir Andrew den »Hochzeitsmarsch« singen. Die Tür öffnet sich mit einem Schwung, und Andrew trägt Vivian und singt. Er trägt einen Frack. Sie trägt ein Hochzeitskleid. Sie werden von den Schauspielern, die Jock und Thump spielen, gespielt. Er setzt sie ab. Sie wissen nicht, was sie tun sollen.

VIVIAN Das ist also vorbei. Was machen wir jetzt, Andrew?

ANDREW Jetzt? Jetzt trinken wir Champagner.

Eine Flasche Champagner liegt auf Eis. Er öffnet den Champagner. Er spritzt überall herum, sie schreit. Er schenkt zwei Gläser ein.

ANDREW Ein Glas für mich. Und ein Glas für meine Frau.

VIVIAN Sag's noch mal.

ANDREW Ein Glas für meine Frau.

VIVIAN Worauf sollen wir anstoßen?

ANDREW Auf die Zukunft.

VIVIAN Die Zukunft.

Andrew stürzt seins runter und schenkt sich sofort nach.

VIVIAN Und was machen wir jetzt?

ANDREW Jetzt? Was glaubst du wohl, was wir machen?

VIVIAN Du musst es mir sagen, es sind meine ersten Flitterwochen.

ANDREW Wir machen das Licht aus. *Er macht das Licht aus.* Und dann lässt du deine Fantasie spielen.

VIVIAN *macht das Licht wieder an.* Nein, danke. Ich würde es lieber vorher wissen.

ANDREW Was glaubst du wohl, Vivian, es ist unsere Hochzeitsnacht.

VIVIAN Tut es weh?

ANDREW Es kitzelt nicht.

VIVIAN Können wir warten?

ANDREW Warten? Warten auf was?

VIVIAN Ich bin noch nicht so weit.

ANDREW Gott selbst hat unsere Vereinigung gesegnet. Wann bist du so weit, frage ich mich.

VIVIAN Frag mich morgen wieder.

ANDREW Morgen! Wir haben das Zimmer nur für eine Nacht.

VIVIAN Ein Hotelzimmer. Es ist so anonym.

ANDREW Es ist ein Zimmer wie jedes andere Zimmer. Es hat Türen, Fenster und eine Decke und ein Bett.

VIVIAN In der Geschichte eines Hotelzimmers haben so viele Leute Gott weiß was wie oft und in allen möglichen Stellungen gemacht. Es hat nicht mal eine Aussicht! Das ist ein Schacht, keine Aussicht.

ANDREW Wir sind hier nicht wegen der Aussicht. Komm schon, Baby, wir machen das Licht aus. *Er macht das Licht aus.*

Sie macht es an, und er küsst sie auf die Schulter.

VIVIAN Was, um alles in der Welt, machst du da?

ANDREW Man nennt es Vorspiel, Baby, schon mal davon gehört?

VIVIAN Du küsst meine Schulter. Du hast noch nie meine Schulter geküsst.

ANDREW Es gibt viele Stellen an deinem Körper, die ich noch nie geküsst habe, und ich habe vor, das so bald wie möglich zu ändern. *Er macht das Licht aus.*

Sie macht es wieder an, und er küsst ihr linkes Knie.

VIVIAN Ich muss mich gleich übergeben. Ich glaube, ich muss meine Mutter anrufen. Sie macht sich Sorgen, wenn ich so spät noch aus bin.

ANDREW Deine Mutter weiß genau, wo du bist und was du machst.

VIVIAN Und was genau mache ich?

ANDREW Lass mich das Licht ausmachen, dann zeige ich es dir. *Er macht das Licht aus.*

Sie macht es wieder an. Er küsst ihren Ellenbogen.

VIVIAN Das ist lächerlich! Mein Ellenbogen?

ANDREW Baby, es ist nur eine Frage der Zeit, bis ich dich überall küsse, wo es was zu küssen gibt.

VIVIAN Und was dann?

ANDREW Und dann küsse ich alles noch einmal.

VIVIAN Tut es weh?

ANDREW Es kitzelt nicht, so viel kann ich dir sagen.

VIVIAN Und dann?

ANDREW Und dann was?

VIVIAN Was passiert dann?

ANDREW Ich weiß nicht, Vivian, das sind meine ersten Flitterwochen.

VIVIAN Es läuft nicht besonders gut, oder?

ANDREW Das ist eine Untertreibung. Meine Gallensteine haben mir mehr Spaß gemacht als das hier.

VIVIAN *lacht. Sie überlegt, ob sie gehen soll oder bleiben. Sie entscheidet sich, zu bleiben. Sie macht das Licht aus.* Erzähl mir was von der Zukunft.

ANDREW Unser Haus. Die Küche mit Blick auf die Birken. Ein schützendes Dach. Ein Kinderzimmer, falls wir uns tatsächlich dazu entscheiden, Sex zu haben.

VIVIAN Mal es mir aus.

ANDREW Unsere Kinder werden groß. Weinen, lachen, tanzen, hüpfen.

VIVIAN Zwei.

ANDREW Zwei Kinder.

VIVIAN Jungen oder Mädchen?

ANDREW Mädchen. Die aussehen wie du. Die von innen leuchten.

VIVIAN Okay, gekauft. Weiter.

ANDREW Eine Familie. Wie sie sein soll. Und zusammen und für immer können wir dafür auch ein anderes Wort finden.

VIVIAN Glück.

ANDREW Glück.

VIVIAN Können wir es noch mal versuchen?

ANDREW Was noch mal versuchen?

VIVIAN Das Ganze. Können wir noch mal anfangen?

ANDREW Noch einmal trage ich dich nicht herein. Ich glaub, ich habe einen Bandscheibenvorfall.

VIVIAN *macht das Licht an. Sie schenkt zwei Gläser Sekt ein.* Wir stoßen an.

ANDREW *steht auf.* Auf was?

VIVIAN Auf das schützende Dach. Auf die Mädchen, die von innen leuchten. Auf die Familie, wie sie sein soll. Auf das Glück.

ANDREW Prost.

VIVIAN Prost. *Ping. Vivian trinkt das Glas in einem Zug aus. Und wirft es dann an die Wand. Das wollte sie schon immer einmal tun.*

ANDREW Was zum …?

Vivian küsst ihn heiß. Mit Liebe. Zieht einen Schuh aus. Den anderen. Er macht es auch. Sie öffnet den Reißverschluss ihres Kleides, verführerisch, als ob sie wüsste, wie. Sie lassen sich Zeit. Sie ziehen sich gegenseitig aus.

ANDREW Wie kühn du bist. *Er lässt seine Hose bis auf die Knöchel herunter.* Ups. Meine Hose ist gerutscht.

VIVIAN Das kommt vor.

Sie küssen sich. Sie nähern sich dem Bett.

VIVIAN Und dann?

Die ältere Vivian kommt leise ins Zimmer. Sie schließt die Türe hinter sich.

VIVIAN Ich suche den Lichtschalter.

ANDREW Und ich küsse meine Frau.

VIVIAN Sag's noch mal.

ANDREW Ich küsse den Ellbogen meiner Frau. Ihre Schulter. Ihr Knie.

VIVIAN Alle Stellen, die noch nie geküsst worden sind.

ANDREW Aber das wird sich bald ändern.

VIVIAN Ich suche den Lichtschalter, um das Licht auszumachen. Und im Dunkeln?

ANDREW Und im Dunkeln. Entdecke ich die wahre Gestalt deines Körpers.

ÄLTERE VIVIAN Ja. Ja. Genau so war es, ich erinnere mich.

Die jüngere Vivian macht das Licht aus. Blackout.

PAUSE

Das Hotel. Der nächste Morgen für beide Paarbesetzungen, die frisch Vermählten und Andrea und Vivian. Andrea ist am Packen, und Andrew ist am Packen. Die jüngere Vivian liegt im Bett, raucht, als ob es das erste Mal wäre. Die ältere Vivian schaut aus dem Fenster.

JÜNGERE VIVIAN Können wir es noch mal machen?

ANDREA Es ist Zeit, zu gehen.

ANDREW O mein Gott, ich breche auseinander, wenn wir es noch mal machen.

ÄLTERE VIVIAN Noch nicht. Ich will sehen, was dann passiert.

JÜNGERE VIVIAN Wenn das passiert, setze ich dich wieder zusammen. Noch einmal.

ANDREA Was passiert dann?

ANDREW Das hast du vorhin schon dreimal gesagt.

JÜNGERE VIVIAN Diesmal meine ich es ernst. Komm schon, big boy, zeig mir, warum die Engel weinen.

ANDREA Dann checken wir aus dem Hotel aus.

JÜNGERE VIVIAN Lass deine Fantasie spielen.

ÄLTERE VIVIAN Ich will es sehen.

ANDREA Das passiert dann. Vielleicht gehen wir frühstücken, unten am Buffet.

ANDREW Noch einmal, und dieses Mal meine ich es ernst.

JÜNGERE VIVIAN Noch einmal, und dann gehen wir nach Hause. Und vergiss nicht den dirty talk.

ANDREW Herrgott, was habe ich angerichtet?

ÄLTERE VIVIAN Mir gefällt die Aussicht hier, und ich hasse Buffets.

Andrew und die jüngere Vivian lieben sich unter dem Laken.

ANDREA Aussicht? Da ist keine Aussicht. Da ist ein Schacht. Wir bringen dich nach Hause, und du kannst die Birken betrachten.

ÄLTERE VIVIAN Ich will nicht gehen.

ANDREA Gestern Abend wolltest du unbedingt nach Hause, und jetzt willst du unbedingt bleiben.

ÄLTERE VIVIAN Ich bin launisch. Wie der Wind.

ANDREA Schön. WILLST DU BLEIBEN? *Sie lässt das Gepäck fallen.* Warum rufen wir nicht unten an und bleiben noch eine Nacht. Bist du dann glücklich?

ÄLTERE VIVIAN Nur noch ein paar Minuten.

ANDREA Nein, wirklich. Lass uns für immer hierbleiben, wo wir niemanden kennen müssen, den wir kennen. *Sie greift zum Telefon.* Hallo? Zimmer 504. Ja, wir würden gern bleiben. Unbestimmt. Ja, wie ich gesagt habe. Danke. *Sie knallt den Hörer hin. Noch mal. Sie knallt den Hörer hin.*

ÄLTERE VIVIAN Habe ich was Schlimmes gemacht?

ANDREA Nein, Mutter, du frustrierst mich nur manchmal.

ÄLTERE VIVIAN Ich will nicht sterben.

ANDREA Ich bin froh, das zu hören.

ÄLTERE VIVIAN Ich hasse diese Welt, aber ich will sie nicht verlassen. Ich will sehen, was dann passiert.

ANDREA Dann gehen wir nach Hause. Wir steigen ins Auto, und wenn kein Verkehr ist, fahren wir zweieinhalb Stunden, und dann sind wir zu Hause in Grand Rapids.

ÄLTERE VIVIAN Nein. Dann sagt er mir die schweinischsten Dinge ins Ohr.

ANDREA Nein, Mutter, das passiert dann nicht.

ÄLTERE VIVIAN DOCH!

ANDREA WELCHER TAG IST HEUTE?

ÄLTERE VIVIAN Wir sind ganz am Anfang. Bevor du überhaupt ein Gedanke, geschweige denn ein Mensch warst.

ANDREA Nein, siehst du. Genau da irrst du dich. Es ist der Tag, nachdem wir meinen Vater, deinen Mann, beerdigt haben.

ÄLTERE VIVIAN Wir müssen uns nur einigen, uneinig zu sein.

ANDREA Nein, Mutter, wir werden uns nicht einigen, uneinig zu sein. Dieser Tag ist vorbei. Dieser Tag ist tot.

Andrew und die jüngere Vivian nähern sich einem enormen Orgasmus.

ÄLTERE VIVIAN Da hast du es. Wir kommen zum guten Teil.

JÜNGERE VIVIAN Das war unglaublich.

ÄLTERE VIVIAN Er sagt:

ANDREW Ich habe gedacht, ich sterbe.

ÄLTERE VIVIAN Ich sage:

JÜNGERE VIVIAN Bist du aber nicht.

ÄLTERE VIVIAN Er ist nicht gestorben.

ANDREW Nein. Noch nicht ganz.

ÄLTERE VIVIAN Noch nicht ganz.

JÜNGERE VIVIAN Noch nicht ganz.

ANDREA Wir haben Vater beerdigt. Mutter! Mutter. Mit wem redest du?

ÄLTERE VIVIAN Ich rede mit mir selbst.

ANDREA Nein, du redest mit mir.

JÜNGERE VIVIAN Jetzt lass uns nach Hause gehen.

ANDREA Ich bin da.

ANDREW Okay. Lass uns nach Hause gehen. Zieh dich an, Baby.

Er geht zum Fenster und raucht. Sie zieht sich an.

ÄLTERE VIVIAN Ich muss mich anziehen.

ANDREA Du bist schon angezogen.

ÄLTERE VIVIAN Was soll ich anziehen?

JÜNGERE VIVIAN Was soll ich anziehen?

ANDREA DU BIST SCHON ANGEZOGEN!

ÄLTERE VIVIAN Ja, bin ich. Warum trage ich Schwarz?

ANDREA Weil wir gestern Vater beerdigt haben. Wir tragen Trauer.

ÄLTERE VIVIAN Nein, nein, nein, nein, nein, nein, nein, nein, nein, nein, nein, nein, nein, nein, nein, nein, nein. Das stimmt alles nicht.

JÜNGERE VIVIAN Ich glaube, ich ziehe mein gelbes Kleid an.

ÄLTERE VIVIAN Das ist nicht die wahre Geschichte.

ANDREW Es steht dir.

ÄLTERE VIVIAN Ich sehe wunderschön aus in Gelb.

ANDREW Du siehst wunderschön aus in Gelb.

JÜNGERE VIVIAN Findest du wirklich?

ANDREA Ja, aber heute trägst du Schwarz.

ÄLTERE VIVIAN Wie lange?

ANDREA Bis wir die Trauer beendet haben.

ÄLTERE VIVIAN Nein. Nein, nein, nein, nein, NEIN, NEIN, NEIN, NEIN, NEIN! ICH BRAUCHE GELB!

ANDREA Ich habe nichts Gelbes. ICH HABE NUR SCHWARZ!!

JÜNGERE VIVIAN Wenn wir zu Hause sind, können wir es in der Küche machen?

ÄLTERE VIVIAN Warum schreist du mich an?

ANDREW In der Küche? Das ist aber unanständig.

ÄLTERE VIVIAN Habe ich was Schlimmes gemacht?

JÜNGERE VIVIAN Und dann in jedem Zimmer im Haus?

ANDREW Baby, der fällt ab, wenn wir es heute noch mal machen.

ANDREA Du sagst andauernd dasselbe.

JÜNGERE VIVIAN Wissen alle darüber Bescheid?

ANDREW Ja. Alle wissen das.

ÄLTERE VIVIAN Was habe ich gesagt?

JÜNGERE VIVIAN Ich war noch nie so glücklich.

ANDREA Deshalb willst du Gelb tragen.

ANDREW Ich auch nicht.

ÄLTERE VIVIAN Es steht mir.

ANDREA Ich weiß, aber ich habe hier nichts anderes als Schwarz.

ÄLTERE VIVIAN Ich war noch nie so glücklich.

ANDREW Noch nie.

ÄLTERE VIVIAN Er auch nicht. Wir konnten nicht wissen, wie glücklich wir waren. Wir konnten es nicht wissen.

ANDREA Rede mit mir, Mutter. Bitte. Rede mit mir.

ANDREW Noch nie in meinem ganzen verdammten Leben.

Ein Zug ist aus der Ferne zu hören.

ÄLTERE VIVIAN Andrew ist tot.

ANDREW Bist du fertig?

ANDREA Ja, das ist er, Mutter.

JÜNGERE VIVIAN Ich bin fertig.

ÄLTERE VIVIAN Ich bin nicht fertig.

JÜNGERE VIVIAN Lass uns gehen.

ÄLTERE VIVIAN Wie kann er tot sein?

ANDREW Du siehst wunderschön aus.

JÜNGERE VIVIAN Wirklich?

ANDREA Wir alle müssen sterben, es ist nur die Frage, wie bald.

ANDREW Das weißt du doch.

JÜNGERE VIVIAN Und du siehst so hübsch aus.

ÄLTERE VIVIAN DAS IST UNGERECHT!

ANDREA Schschsch. Ja, ich weiß.

JÜNGERE VIVIAN Bring mich nach Hause.

ÄLTERE VIVIAN Noch nicht.

ANDREW Okay. Nach Ihnen. *Er macht einen Diener.*

ÄLTERE VIVIAN NOCH NICHT!!

JÜNGERE VIVIAN Besten Dank, mein Herr. *Sie macht einen Knicks.* Bring mich nach Hause.

ÄLTERE VIVIAN Lass mich nicht allein!

Sie gehen. Wir hören, wie ihre Stimmen im Flur verebben. »Und die Küche?« – »Mal sehen.« – »Ich will es in der Küche machen!« – »Ich hab gesagt, mal sehen.« Ihre Stimmen sind weg. Vivian rennt zur Tür und ruft hinterher.

ÄLTERE VIVIAN Andrew! Komm zurück, komm zurück, komm zurück, komm zurück, komm zurück, zurück, zurück, zurück, zurück, zurück. ANDREW!!!!!!!

ANDREA *geht zu ihr.* Mutter. Hör auf. Hör auf, Mutter. Atmen. Atmen.

ÄLTERE VIVIAN Ich atme, na und?

ANDREA Er gehört nicht mehr zu dieser Welt.

ÄLTERE VIVIAN Wem gehört die Welt?

ANDREA Den Lebenden.

ÄLTERE VIVIAN Ich lebe noch.

ANDREA Ja.

ÄLTERE VIVIAN Bist du sicher?

ANDREA Ich bin sicher. Hier. Berühre mein Gesicht.

ÄLTERE VIVIAN Warum?

ANDREA Weil ich lebe. Nimm es in die Hände. Hier.

ÄLTERE VIVIAN *berührt ihr Gesicht.* Ich habe dieses Gesicht schon einmal gehalten.

ANDREA Unzählige Male.

ÄLTERE VIVIAN So oft, es ist, als würde ich mein eigenes Gesicht berühren.

ANDREA Das stimmt.

ÄLTERE VIVIAN Ich würde dieses Gesicht überall wiedererkennen. Meine jüngste Tochter. Du wurdest im fünften Stock in der Butterworth-Klinik geboren, als ich 28 Jahre alt war. Im Säuglingszimmer hast du geschlafen. Du hast nie geweint. Du hast keinen Ton von dir gegeben. Außer, um zu lachen. Du hast die ganze Zeit gelacht, und ich hätte gerne gewusst, was so lustig war. Ich habe es nie erfahren. Du hast so gelacht.

ANDREA *weint.* So bin ich.

ÄLTERE VIVIAN Warum weinst du, um Himmels willen?

ANDREA Vor Glück.

ÄLTERE VIVIAN Versprich mir etwas.

ANDREA Was versprechen?

ÄLTERE VIVIAN Dass du nach mir sterben wirst.

ANDREA Das kann ich dir nicht versprechen.

ÄLTERE VIVIAN VERSPRICH ES MIR!

ANDREA OKAY! Ich verspreche es.

Das Telefon klingelt. Andrea nimmt ab.

ANDREA Hallo? Nein. Das tut mir leid. Nein, wir sind dabei, aufzubrechen. Nicht wahr, Mutter?

ÄLTERE VIVIAN Vorbei, vorbei, vorbei, vorbei.

ANDREA Wir sind in einer Minute unten. *Sie legt den Hörer auf.*

ÄLTERE VIVIAN Bist du sicher, dass ich noch am Leben bin?

ANDREA Sicher.

ÄLTERE VIVIAN Schön. Schön. Ich bin am Leben. Und was passiert dann?

ENDE DER FLITTERWOCHEN

Andrew, Langley, Steven, Missy und Vivian in

Das Abendmahl

»Lucky Happiness Golden Express«. Die vorherige Freitagnacht. Ein billiges chinesisches Restaurant. Rote Nischen. Hummer in einem Aquarium. Überall roter Lack und billige Laternen. Die Szenerie eines großartigen Abends oder eines Albtraums, je nachdem. Draußen regnet es stark. Donner in der Ferne. Die ganze Zeit über spielt leise Muzak. Nicht »The Girl from Ipanema«, aber so etwas in der Richtung. Andrew überfliegt die Speisekarte. Zwei Kellner stehen in seiner Nähe. Steven und Langley, gespielt von den Schauspielern, die Jock und Thump spielen.

STEVEN Nutzloser Scheißarsch. Soll sich einfach umbringen.

LANGLEY Er will abends einfach irgendwo sitzen.

STEVEN Jeden Freitagabend kommt er hierher und fragt: »Was ist das Tagesgericht?« Hör mal, seit drei Jahren oder noch länger ist das Tagesgericht Kung Po Chicken. Es gibt also keinen Grund, nach dem Tagesgericht zu fragen, es ist immer Huhn, und ich würde ihm am liebsten in die Fresse hauen für seine Frage.

LANGLEY Vielleicht will er sich nur ein bisschen unterhalten.

STEVEN Was ist das denn für eine Unterhaltung? »Was ist das Tagesgericht?« »Das Kung Po Chicken.« Die beschissenste Unterhaltung, die ich je gehört habe.

ANDREW Bedienung.

STEVEN Das bist du. Ich explodiere, wenn er noch mal nach dem Tagesgericht fragt.

LANGLEY Warum gehst du nicht einfach nach Hause?

STEVEN Ich will nichts verpassen.

LANGLEY Ja, Sir.

Langley geht zu Andrew.

ANDREW Was ist das Tagesgericht?

STEVEN Nicht zu fassen!

LANGLEY Das Kung Po Chicken, Sir.

ANDREW Ich nehme das Tagesgericht und einen Mai Tai.

STEVEN Jeden Tag gibt es genau dasselbe Huhn!

LANGLEY Sehr gern, Sir.

ANDREW Und wenn du damit fertig bist, zieh dein neues Kleid an, deine Mutter liebt es, wenn du Gelb trägst. Das wird eine Überraschung! Ich kann es kaum erwarten, ihr Gesicht dabei zu sehen.

LANGLEY Tut mir leid, Sir, aber meine Mutter ist tot.

ANDREW Das tut mir leid. Nur das Huhn und den Mai Tai.

LANGLEY Sehr gern, Sir. *Sie geht zu Steven zurück.*

Donner. Blitze. Es kommt näher.

LANGLEY Ich glaube, mit ihm stimmt was nicht.

STEVEN Ganz sicher stimmt was nicht mit ihm. Allein, alt, kurz vorm Sterben, ein Freitagabend, fragt nach dem verfickten Tagesgericht. Hören Sie. Es wird immer und ewig das gleiche Huhn sein! Und vielleicht können Sie einmal, wie in Amerika üblich, Trinkgeld geben! Hey hallo, ich habe zu tun. Ich habe ein Date. Und das ist nicht wie damals mit Elizabeth. Ich und diese Frau, das ist etwas Besonderes. Die Chemie stimmt. Ihr Name ist Sheila, und sie ist eine ganz besondere Frau. Auf wen wartet er? Auf niemanden. Was mich wieder an meinen Ausgangspunkt bringt, er sollte sich einfach umbringen.

LANGLEY Irgendwas ist da los.

STEVEN Und wen glaubt er denn mit dieser Resthaarfrisur verarschen zu können? Mich nicht. Armselig, das ist es. Gestehen Sie sich einfach ein, dass Sie kahler sind als ein neugeborener Babyarsch, und, wie sagt man, die Wahrheit wird Sie befreien.

Missy kommt herein. Sie ist ganz nass und erschöpft.

STEVEN Warte. Das könnte Sheila sein.

LANGLEY Du kennst sie noch nicht?

STEVEN Nicht körperlich, nein. *Er geht Missy besonders aufmerksam entgegen.* Guten Abend.

MISSY Guten Abend.

STEVEN Nehmen Sie Platz. Wo Sie wollen. *Er bietet ihr einen Stuhl an.* Ich heiße Steven. Kann ich Ihnen behilflich sein?

MISSY Danke.

Pause.

STEVEN Und Ihr Name?

MISSY Mein Name?

STEVEN Ich habe Ihnen meinen Namen genannt, nämlich Steven, und wie ist Ihr Name.

MISSY Seit wann muss ich Ihnen meinen Namen nennen?

STEVEN Seit ich gefragt habe.

MISSY Nein.

STEVEN Sie heißen nicht Sheila, oder?

MISSY Nein. Heiße ich nicht.

STEVEN Dann sind Sie tot für mich. *Er geht zurück zu Langley.* Sie ist es nicht.

LANGLEY Ach, echt.

STEVEN Leg dich nicht mit mir an.

LANGLEY Nein, wirklich, ganz starker Auftritt.

STEVEN Ich geh eine rauchen.

Er geht.

LANGLEY Ich muss mich für ihn entschuldigen. Er erwartet jemanden.

MISSY Bin ich hier richtig, um in Ruhe allein etwas essen zu können?

LANGLEY Ja, Ma'am. Sie sind hier richtig.

MISSY Was ist das Tagesgericht?

ANDREW *vor sich hin* Immer und ewig Huhn.

LANGLEY Das Tagesgericht ist das Kung Po Chicken, Ma'am.

MISSY Ich möchte das Sesamschwein und zwei Gläser Weißwein.

LANGLEY Erwarten Sie jemanden?

MISSY Wen sollte ich hier erwarten?

LANGLEY Keine Ahnung. Die wenigsten Leute bestellen zwei Gläser Wein, wenn sie nur eine Person sind.

MISSY Seit wann muss ich mich vor einer Bedienung rechtfertigen? Seit wann das denn, verfickt noch mal?

LANGLEY Entschuldigen Sie vielmals. Sesamschwein und zwei Gläser Weißwein.

Sie geht. Stille.

ANDREW Langer Tag?

MISSY Wollen Sie mich verarschen?

ANDREW Ich versuche nur, mich zu unterhalten.

MISSY Ich bin hergekommen, um allein in Ruhe zu essen. Nicht, um mich mit einem alten Mann mit Resthaarfrisur zu unterhalten.

ANDREW Also Andrea, vergiss nicht, zwei Tassen Mehl, so macht man einen Kuchen. Mit Mehl, Zucker und Butter und einem kleinen bisschen Liebe. Und deine Mutter, allein für die Freude in ihrem Gesicht lohnt es sich. All unsere Arbeit und all unser Warten.

MISSY Entschuldigen Sie, sind Sie verrückt?

ANDREW Nein. Ich glaube nicht.

MISSY Bitte hören Sie auf, mich anzusprechen.

LANGLEY *bringt die Getränke.* Hier ist Ihr Mai Tai, und hier sind Ihre zwei Gläser Wein.

MISSY Verzeihung, könnten Sie diesem älteren glatzköpfigen Herrn ausrichten, er soll mich nicht ansprechen.

LANGLEY Natürlich. Sir.

ANDREW Ich weiß, ich weiß.

LANGLEY Könnten Sie das lassen?

ANDREW Ich wollte mich bloß ein bisschen unterhalten.

LANGLEY Nicht mit ihr.

ANDREW Würden Sie ihr ausrichten, dass es mir leidtut?

MISSY Ich kann Sie sehr gut hören, und lassen Sie mich bitte einfach in Ruhe!

LANGLEY Sie hört Sie, und sie möchte in Ruhe gelassen werden.

ANDREW Ich kann sie auch hören, und ich werde sie nicht wieder behelligen.

LANGLEY Vater?

ANDREW Ja, Thump. Was ist los?

LANGLEY Bin ich hübsch?

ANDREW Du bist eine schöne junge Frau. Kein Mädchen. Du bist kein Mädchen mehr.

LANGLEY Werde ich den Jungs gefallen?

ANDREW Die Jungs werden vor deinem Fenster singen. Merk dir das, sie werden singen. Andrea?

MISSY Ja, Vater?

ANDREW Kommt her, Mädels. Kommt her. Ich will euch etwas erzählen.

Sie kommen zu ihm.

LANGLEY Was gibt's, Vater?

ANDREW Eure Mutter hat mir gesagt, sie braucht eine kleine Pause von der Familie.

MISSY Eine Pause?

ANDREW Eine kurze Auszeit, das ist alles.

LANGLEY Sie verlässt uns!

ANDREW Nein, niemand verlässt uns. Wer hat etwas von Verlassen gesagt? Ich habe gesagt, Pause. Das ist ein Unterschied. Also, ich will, dass wir für sie einen Kuchen backen,

Abendessen zubereiten, uns hübsch machen und ihr auf diese Weise zeigen, wie sehr wir wollen, dass sie nicht geht.

MISSY Damit sie weiß, wie sehr wir sie lieben?

ANDREW Wenn wir alles richtig machen. Jetzt an die Arbeit. Andrea, du übernimmst den Kuchen, Thump, du den Schweinebraten. Und Mädchen: Ich will, dass ihr eure Sonntagskleider anzieht.

MISSY Aber es ist nicht Sonntag.

ANDREW Nein, aber wir müssen eurer Mutter zeigen, dass unser Leben perfekt ist. Heute ist alles ganz anders. Ihr wollt doch nicht, dass eure Mutter uns verlässt, oder?

LANGLEY Nein.

MISSY Du hast gesagt, verlässt.

ANDREW Stimmt. Ihr wollt das doch nicht, oder?

MISSY Nein, Vater. Ich würde sterben.

ANDREW Das stimmt. Wir alle. Also, fangt an! Wir haben viel zu tun.

Sie gehen. Steven kommt herein. Sie kehren an ihre Plätze zurück.

STEVEN Was verpasst?

LANGLEY Wir haben eine Trinkerin, und ich glaube, der alte Mann verliert den Verstand.

STEVEN Wird ja endlich interessant hier. Woher weißt du, dass sie säuft? Hat sie über ihr Programm gesprochen?

LANGLEY Nein, sie hat zwei Gläser Wein bestellt.

STEVEN Erwartet sie jemanden?

LANGLEY Das habe ich auch gefragt. Nein. Sie wollte einfach zwei Gläser.

STEVEN Warum nicht eins nach dem anderen?

LANGLEY Das ist der Kern des Geheimnisses.

Donner. Blitz. Kommen näher.

STEVEN Ich glaube, sie mag mich.

LANGLEY Das tut sie definitiv nicht.

STEVEN Nein? Pass auf. *Er schlendert zu ihrem Tisch.* Noch mal hallo.

MISSY Hallo.

STEVEN Sind beide Gläser Wein zu Ihrer Zufriedenheit? Langley da drüben hält Sie für eine Alkoholikerin, aber ich habe gesagt, hey, das ist ihre Sache.

LANGLEY Wer bestellt zwei Gläser Wein, wenn er nur eine Person ist?

MISSY Das ist meine Sache!

STEVEN Ich habe gesagt, vielleicht hatten Sie einen langen Tag. *Pause.* Also. Hatten Sie einen langen Tag?

MISSY Das werde ich mit Ihnen nicht besprechen.

STEVEN Mit wem besprechen Sie es dann?

MISSY Mit niemandem! Genau deswegen bin ich hierhergekommen.

ANDREW Vielleicht kann ich in dieser Angelegenheit behilflich sein.

STEVEN Hören Sie auf zu reden, Sir!

ANDREW Steven, sie möchte in Ruhe gelassen werden. Es war für alle ein langer Tag, und sie will Frieden und Ruhe und nicht von einem primitiven Chinarestaurant-Kellner sexuell belästigt werden.

STEVEN Schön. Fickt euch. *Er geht zurück.*

LANGLEY Sauber.

STEVEN Sprich mich bloß nicht an.

MISSY Danke.

ANDREW Gern geschehen.

LANGLEY Ich bin mit dem Schweinebraten fertig, Vater.

ANDREW Das ist gut, das ist wunderbar, Thump.

LANGLEY Willst du ihn probieren?

ANDREW *tut es.* Köstlich. Du hast das Gespür deiner Mutter. Du leuchtest von innen. Genau das wird sie zu dir sagen.

LANGLEY Kann ich ihr nicht einfach sagen, dass ich sie liebe?

ANDREW Worte sind flatterhaft und zerbrechlich. Was sie mitteilen können, hat gewisse Grenzen. Also, du liebst deine Mutter, das ist schön. Aber wir müssen ihr zeigen, dass wir sie lieben. Und was sie vermissen würde, wenn sie wegginge. Wir müssen ihr den Wert dieses täglichen Lebens zeigen. Andrea?

MISSY Ja, Vater.

ANDREW Was macht der Kuchen?

MISSY Er geht auf.

ANDREW Gut, wie wunderbar, Mädels.

LANGLEY Vater, dein Bruder ist da.

ANDREW Martin? Ich habe ihn seit Jahren nicht gesehen. Was macht er hier?

LANGLEY Woher soll ich das wissen.

MISSY Er war nicht mehr da, seit ich vier war.

LANGLEY Was soll ich machen?

ANDREW Okay. Nein, das ist okay. Bring ihn her, bring ihn her. Und macht gründlich sauber. Auf dem Linoleum muss man operieren können.

LANGLEY Ja, Vater.

MISSY Okay, Vater.

ANDREW Gebt mir einen Kuss, und lasst mich mit meinem Bruder reden. Er ist ein sehr bedeutender Mann, wisst ihr.
Sie küssen ihn. Langley führt Steven herein. Die Mädchen räumen auf.

STEVEN Andrew?

ANDREW Martin!

Sie lachen und schlagen sich gegenseitig auf den Rücken.

STEVEN Du siehst scheiße aus.

ANDREW Du noch schlimmer.

STEVEN Du hast eine Glatze!

ANDREW Und du siehst aus, als kämst du direkt aus dem Gefängnis, und dein bester Freund war ein großer schwarzer Typ namens Sugar!

STEVEN Hallo, Bruder!

ANDREW Hallo!

Sie schlagen sich gegenseitig auf den Rücken.

ANDREW Setz dich. Nimm Platz.

STEVEN Danke. *Er setzt sich.* Du hast zwei schöne Mädchen.

ANDREW Stimmt! Und sie werden so schnell groß!

LANGLEY Ich putze, Vater.

ANDREW Mach weiter! Es muss blitzblank sein! Operation!

MISSY Ich wische den Fußboden.

ANDREW Gut. Das ist sehr gut, das ist wunderbar. Ich könnte schwören, dass ich sie vor zwei Minuten noch auf meiner Handfläche halten konnte. Und sieh sie dir jetzt an!

STEVEN Wo ist Viv?

ANDREW Viv? Sie wird jede Minute hier sein.

STEVEN Habe das alte Mädchen seit Jahren nicht gesehen.

ANDREW Ja, das ist Jahre her.

STEVEN Also.

ANDREW Also. Was machst du hier?

STEVEN Darf ich nicht vorbeikommen, um meinen kleinen Bruder zu sehen?

ANDREW Natürlich! Bloß, warum ausgerechnet jetzt?

STEVEN Kam grade geschäftlich vorbei. Dachte, ich schau mal rein. Ich hoffe, es ist okay.

ANDREW Ist schon okay, klar, mehr als okay, es ist wunderbar, dich zu sehen.

STEVEN Wirklich?

ANDREW Natürlich. Was für eine Frage!

Sie lachen. Donner. Blitz. Näher.

STEVEN Läuft bei dir alles gut, Andrew?

ANDREW Besser denn je, besser denn je.

STEVEN Freut mich zu hören!

ANDREW Ich habe meine florierende Praxis. Meine Familie. Alles, was ich mir gewünscht habe, habe ich erreicht.

STEVEN Ich wusste schon immer, dass bei dir alles gutgehen würde!

ANDREW Besser als gut!

STEVEN Na, siehst du!

Sie lachen.

ANDREW Gut, dich zu sehen, Martin.

STEVEN Dich auch, kleiner Bruder.

ANDREW Wieso kommst du nicht öfter vorbei?

STEVEN Keine Zeit, alter Junge. Geld schläft nie. Du weißt, was ich meine?

ANDREW Klar! Es schläft nie! Das ist die Wahrheit!

Sie lachen.

ANDREW Was ist das Geheimnis, Martin?

STEVEN Das Geheimnis?

ANDREW Du hast alles, Geschäft, Familie, du bist glücklich. Was ist das Geheimnis? Ich habe das auch alles, aber ich habe mich noch nie so allein gefühlt. Warum kann ich nicht glücklich sein?

STEVEN Die Sache ist die, und das ist nur meine ganz persönliche Meinung: Ich wollte nie glücklich sein. Ich hatte kein Talent dazu. Die Leute fragen sich, warum kann ich nicht glücklich sein?

ANDREW Ja!

STEVEN Wann war das je das Ziel? Glück ist nicht von Dauer, Andrew. Du kannst mich ruhig zitieren.

ANDREW Mach ich!

STEVEN Ich vertraue nicht darauf. In hundert Jahren wird niemand zurückblicken und einen Mann danach bewerten, ob er glücklich gewesen ist. Was kannst du in deinen Händen halten? Das ist meine Frage.

ANDREW Die absolut richtige Frage!

STEVEN Glück? Das ist nur ein verficktes, erfundenes Wort.

ANDREW Nein, du hast total Recht! Meinst du, wenn man versucht, an Dingen, die man liebt, festzuhalten, dann … Wenn du sie zu sehr festhältst … Wenn du die Menschen, die du liebst, festhältst …

STEVEN Was willst du sagen, alter Junge?

ANDREW Dass du etwas so sehr lieben kannst, dass es zerbricht.

STEVEN Man sagt, Herzen sind dazu da, gebrochen zu werden. Du kannst mich ruhig zitieren.

ANDREW Mach ich. Ich werde dich zitieren.

Ein Zug ist in der Ferne zu hören.

STEVEN Ich muss meinen Zug kriegen.

ANDREW Du bist gerade erst gekommen! Kannst du nicht zum Abendessen bleiben? Es gibt Schweinebraten.

LANGLEY Und Kuchen!

MISSY Mit Kerzen und allem!

STEVEN Keine Zeit, alter Junge. Geld schläft nie!

ANDREW Bitte. Es ist so nett, vertraute Gesichter zu sehen. Erinnerst du dich noch an die alten Zeiten, Martin? Als wir Kinder waren? Und wir am Leuchtturm schwimmen waren?

STEVEN Andrew, das ist nur meine ganz persönliche Meinung, aber ich versuche, die Vergangenheit zu vergessen.

ANDREW Ja, du hast Recht.

STEVEN Verlorene Zeit ist verlorene Zeit. Zu Ende gegangene Zeit ist tote Zeit. Du kannst mich ruhig zitieren.

ANDREW Die Erinnerungen kommen immer wieder hoch.

STEVEN Versuch, sie zu vergessen.

ANDREW Hab ich!

STEVEN Versuch es stärker, ist meine Meinung.

ANDREW Glaub mir, ich habe es versucht!

STEVEN Tut mir leid, alter Junge. Niemand kann dir beibringen, wie man vergisst.

ANDREW Nein. Das muss man sich selbst beibringen.

STEVEN Wiedersehn! Liebe Grüße an Viv! Wiedersehn, Mädels!

MISSY Wiedersehn, Onkel Martin. Wiedersehn, Onkel.

LANGLEY Wiedersehen, Onkel.

ANDREW Warte. Warte. Martin.

STEVEN Ich habe keine Zeit, alter Junge. Mein Zug.

ANDREW Erinnerst du dich an das Lied, das uns Mutter immer gesungen hat? Früher, als wir Kinder waren?

STEVEN Du hattest Angst im Dunkeln.

ANDREW Erinnerst du dich noch an die Melodie?

STEVEN Mein Zug.

ANDREW Bitte. Bitte, Martin. Ich kann mich nicht an die Melodie erinnern. Etwas über ein Mädchen. In einem Garten. Bitte. Ich habe es Viv immer vorgesungen. Sie hat es immer den Mädchen vorgesungen, aber seit Jahren nicht mehr. Es gibt keinen Grund mehr, sie fürchten sich nicht mehr im Dunkeln. Oder, Mädels?

LANGLEY Nein, Vater.

MISSY Ich fürchte mich auch nicht.

ANDREW Früher, als ich um sie geworben habe, habe ich es ihr vorgesungen, und ich dachte, dass ich und die Mädchen es heute Abend wieder für sie singen.

STEVEN *gibt nach und singt.* My brown-haired girl would dance a reel behind the ridge last night.

My brown-haired girl would dance a reel behind the garden.

ANDREW Danke, Martin. An den Rest erinnere ich mich.

STEVEN Versuch die Vergangenheit zu vergessen, Andrew.

ANDREW Mach ich.

STEVEN Sie ist tot. Verlorene Zeit ist Zeit, die du nicht wiederbekommst.

ANDREW Ich werde es wirklich versuchen.

STEVEN Lebwohl!

Er geht.

ANDREW Ich glaube nicht, dass ein Mensch einem anderen mehr Liebe geben kann, als ich ihr gegeben habe. Aber es war nicht genug. Oder vielleicht war es zu viel. Egal wie, etwas ist zerbrochen. Es ist zerbrochen. Was habe ich getan?

Pause.

MISSY Bedienung? Ich würde mich gern an einen anderen Tisch setzen.

LANGLEY Ja, gern. An welchen denn?

MISSY Irgendwo weg von ihm. *Sie geht an einen anderen Tisch, weit entfernt von Andrew.* Ich nehme den Wein mit. Beide Gläser! *Sie wechselt den Tisch.*

LANGLEY Sir.

ANDREW Ich weiß, ich weiß.

LANGLEY Ich möchte Sie nicht bitten müssen zu gehen.

ANDREW Mich bitten zu gehen? Sie ist diejenige, die schreit.

MISSY ICH SCHREIE NICHT!!

LANGLEY Es tut mir leid, Sir, Sie stören die Gäste.

ANDREW Den Gast.

LANGLEY Schön. Sie stören den Gast.

STEVEN Und mich!

LANGLEY Und Steven auch.

ANDREW Hören Sie. Bitte. Ich kann nirgends hingehen. Lassen Sie mich einfach hier sitzen, und ich gebe keinen Ton mehr von mir. Okay? Ich habe nichts außer einem leeren Haus, und niemand ist da und wartet auf mich.

LANGLEY Okay. Wenn Sie einfach still sind, ist alles gut.

ANDREW Ich sage kein Wort mehr.

LANGLEY Können wir uns darauf einigen?

ANDREW Ja. Zwingen Sie mich nur nicht, nach Hause zu gehen. Noch nicht. Jetzt noch nicht.

Sie geht wieder zu Steven.

STEVEN Das alte Arschloch sollte sich einfach umbringen.

LANGLEY Das hat er letzte Woche versucht.

STEVEN Woher weißt du das?

LANGLEY Es stand in der Zeitung.

STEVEN Wieso stand es in der Zeitung? Ist das eine Meldung? Altes Arschloch hat versucht, sich umzubringen?

LANGLEY Ich bin doch nicht diejenige, die darüber entscheidet, was in der Zeitung steht.

STEVEN Also gut. Es stand in der Zeitung. Wie hat er es versucht?

LANGLEY Er ist ins Wasser gegangen. Am Leuchtturm.

Pause.

STEVEN Und?

LANGLEY Und was?

STEVEN Und was ist passiert?

LANGLEY Was meinst du wohl, was passiert ist? Er sitzt doch hier. Es hat nicht geklappt. Die Flut hat ihn zurückgespült. Sie haben ihn am Strand gefunden, halb erfroren. Der Leuchtturmwächter hat Feuer gemacht und ihn aufgewärmt. Er hat immer wieder dasselbe gesagt.

STEVEN Was hat er gesagt?

LANGLEY »Woher hätte ich das wissen sollen?«

STEVEN Ziemlich kryptisch, und er wiederholt das immerzu. Was bedeutet das?

LANGLEY Das weiß ich doch nicht, frag ihn selbst.

STEVEN *schlendert zu ihm hin.* Hallo, Sir.

ANDREW Hallo.

STEVEN »Woher hätte ich das wissen sollen?« Was bedeutet das?

ANDREW Das bedeutet, dass ich zerbrochen bin. Das bedeutet, dass ich nicht mehr zerbrechen kann. Das bedeutet, dass die Zukunft vorbei ist, nie gekommen ist, und die Vergangenheit ist zu nah, vorbei, vergangene Zeit ist alles, was mir bleibt.

STEVEN Von was für einem Scheiß reden Sie da?

STIMME Die Bestellung ist fertig!

STEVEN Los geht's.

LANGLEY Wen nimmst du?

STEVEN Keinen von beiden. Sie ist eine verrückte Schlampe, offenbar eine Lesbe, und er ist ein seniler alter Mann, suizidal, mit bekloppter Frisur.

LANGLEY Du nimmst sie, und ich nehme ihn.

Sie bringen das Essen an die Tische.

LANGLEY Hier ist Ihr Essen, Sir.

ANDREW Danke sehr.

STEVEN Mit Grüßen vom Chef.

MISSY Fick dich.

Er verneigt sich und zieht sich, rückwärts gehend, zurück.

MISSY Warte.

STEVEN Reden Sie mit mir, Ma'am?

ANDREW Ich sage kein Wort mehr. Ich bleibe hier einfach still sitzen.

MISSY Steven, stimmt's?

STEVEN Stimmt.

MISSY Ich bin Missy.

STEVEN Sehr erfreut.

LANGLEY Wie heißen Sie?

ANDREW Andrew.

LANGLEY Andrew. Kann ich noch etwas für Sie tun?

Sie schütteln einander die Hand, hören gar nicht auf damit.

ANDREW Sie brauchen sich um mich keine Sorgen zu machen. Okay?

MISSY Ich hatte einen harten Tag, Steven.

STEVEN Das haben fast alle.

ANDREW Mir geht es gut. Sehen Sie? Ich esse bloß mein Essen. Störe niemanden.

MISSY Nein. Ich will sagen, der Grund, weshalb ich zwei Gläser Wein bestellt habe, ist, dass ich heute schlechte Nachrichten bekommen habe.

STEVEN *setzt sich neben sie.* Sie können es mir erzählen.

MISSY Steven. *Sie rückt nah an ihn.* Ich kann es nicht laut sagen.

STEVEN Vielleicht können Sie es flüstern.

MISSY Okay.

Sie flüstert ihm ins Ohr. Er wird blass. Sie hält sich an ihm fest und weint leise an seiner Schulter.

LANGLEY Was haben Sie gemeint, als Sie sagten: »Woher hätte ich das wissen sollen?«

ANDREW My brown-haired girl would dance a reel behind the ridge last night. My brown-haired girl would dance a reel. Hinter dem Garten. Das Licht. Drehte und drehte sich im Kreis. Das Wasser. Sogar nachts noch warm. Nackt. Das erste Mal. Als es noch erste Male gab. Was alles habe ich ihr nie gesagt? So viele Worte hielt ich in meiner Faust verschlossen. Die Seele der Freude. Gemeinsame Augenblicke. Küss mich. Du schmeckst wie Liebe. Wie sie sein soll. Die Geschichte von Hotelzimmern. Viele, nie geküsste Stellen. Sie hat mich wieder zusammengesetzt. Zerbrochen. Wieder zusammen. Lass uns nach Hause gehen. Du siehst wunderschön aus in Gelb. Unsere Kinder. Zwei Mädchen. Erleuchtet von innen. Eine Familie. Glück. Wie es sein soll. Für immer ja, ein Anfang, die Zukunft meines Herzens, die noch nicht geschrieben ist. Woher hätte ich wissen sollen, dass die Freude meiner Seele, meines Herzens, meiner Zukunft, meines Glücks nicht unendlich ist?

Donner. Blitz. Nah.

LANGLEY Ich rufe einen Krankenwagen.

STEVEN Warum? Noch ist niemand tot.

LANGLEY Es geht ihm nicht gut. Im Gegenteil. Gerade passiert etwas Schreckliches.

STEVEN Ich halte die Stellung.

Sie geht. Donner. Blitz. Hier.

STEVEN Und? Haben jetzt alle ihren Spaß?

MISSY Nee.

ANDREW Ich auch nicht.

STEVEN Ich hab ja bloß gefragt.

Langley kommt wieder.

LANGLEY Der Krankenwagen wird gleich da sein. Die Butterworth-Klinik ist nicht weit, sie sagen, keine zehn Minuten.

STEVEN Was machen wir bis dahin?

LANGLEY Verhalten uns ganz normal.

ANDREW Vivian. Vivian. VIVIAN!!!!! *Er sackt über dem Tisch zusammen. Alles fällt herunter.*

MISSY Sie ist auf dem Weg, Vater.

LANGLEY Ich habe den Kuchen gemacht!

MISSY Der Schweinebraten ist zubereitet und fertig.

Donner. Blitz. Genau hier.

ANDREW Jetzt. Jetzt. Ich will, dass ihr euch gut benehmt, wenn eure Mutter da ist. Du siehst genau aus wie deine Mutter. Hast du Kerzen auf den Kuchen gesteckt?

LANGLEY Ich wusste nicht, dass ich das sollte.

ANDREW Wie sollen wir denn ohne Kerzen Stimmung erzeugen? Ein Kuchen ist kein Kuchen ohne Kerzen. Wir müssen für Stimmung sorgen!

LANGLEY Okay. Ich stecke Kerzen drauf.

Sie geht.

ANDREW Beeil dich! Beeil dich! Keine Zeit mehr. Es bleibt überhaupt nicht mehr viel Zeit. *Er geht auf und ab.*

MISSY Vater?

ANDREW Ja, Andrea?

MISSY Geht es dir gut?

ANDREW Besser denn je. Besser denn je. Mir ging es noch nie im Leben besser.

Langley kommt mit einem Kuchen voller Kerzen wieder.

ANDREW Macht das Licht aus.

Steven tut es.

ANDREW Ja. Ganz genau so.

STEVEN *spricht als Martin weit entfernt aus dem Zug.* Was wird man in hundert Jahren von uns erinnern?

ANDREW Wir müssen für die Stimmung sorgen. Für eure Mutter. Um ihr zu zeigen, was sie vermissen würde.

STEVEN Was bleibt übrig?

ANDREW Benehmt euch. Bewundert ihre Haare. Ihre Kleidung.

STEVEN Was ist wirklich? Was kannst du anfassen?

ANDREW Wir müssen ihr zeigen, wie sehr wir sie lieben. Wie sehr liebt ihr eure Mutter?

MISSY Sehr.

STEVEN Was ist wirklich? Was kannst du in deinen Händen halten?

ANDREW Gut. Thump. Was ist mit dir?

LANGLEY Mehr als ich sagen kann.

STEVEN In. Deinen. Händen.

ANDREW Finde einen Weg, es zu sagen. Das ist deine Aufgabe. Worte sind Gottes Werkzeuge. Ja. Ja. Dafür geschaffen, dass wir sagen können, was wir fühlen. Okay? Sind alle bereit? Heute Abend. Heute Abend wird ein Fest gefeiert!

STEVEN In hundert Jahren wird sich niemand an uns erinnern. Die Erde wird vergessen, dass wir je auf ihr gegangen sind. Sie wird vergessen, wie sehr wir gelacht und wie lang wir geweint haben. Niemand wird sich an dieses kurze Geräusch zwischen zwei unendlichen Stillen erinnern.

VIVIAN *off* Andrew? Mädchen?

ANDREW Hier. Wir. Los.

Vivian tritt ein.

VIVIAN Ich bin zu Hause.

Andrew fällt auf den Boden und krümmt sich. Sie stehen um ihn herum und sehen zu, wie er sich krümmt. Das Licht erlischt, außer den Kerzen. Ein lauter Donnerschlag. Ein Blitz. Das Geräusch eines sich nähernden Krankenwagens. Ein Zug in der Ferne. Alles schwarz außer dem Licht der Kerzen. Vivian bläst sie aus. Totale Dunkelheit. Im Dunkeln ein Donnerschlag. Direkt über uns.

ENDE

ADA UND IHRE TÖCHTER

Deutsch von Brigitte Landes

Für alle Schauspielerinnen, die ich kenne.

Ich hoffe, alles wird gut gehen.
Wir müssen geduldig sein: aber ich kann nicht
umhin zu weinen.
Ophelia

Personen

Ada, um die 50, Schauspielerin
Ophelia, um die 20, ihre Tochter
Sister Frances, eine Nonne (gespielt von der Schauspielerin der Ophelia)
Harper, ein nettes Mädchen, liegt die meiste Zeit im Koma (gespielt von der Schauspielerin der Ophelia)
Bathsheba, ihre böse Zwillingsschwester (gespielt von der Schauspielerin der Ophelia)
Kind ohne Namen, ein noch ungeborenes Mädchen (gespielt von der Schauspielerin der Ophelia)
Mann ohne Namen, ein Mann ohne Namen (gespielt von der Schauspielerin der Ophelia)
Produktionsassistentin, schwarz gekleidet, trägt ein Headset (gespielt von der Schauspielerin der Ophelia)

Anmerkung zur Besetzung: Dieses Stück ist für zwei Schauspielerinnen.

Anmerkung zur Ausstattung: Sie sollte nicht perfekt sein, aber auch nicht albern. Die Kirche in der ersten Szene darf auf keinen Fall verraten, dass sie Teil einer Seifenoper ist. Das Apartment, in dem Ada und Ophelia wohnen, sollte hyperrealistisch sein. Jeder Zentimeter davon real, nicht nur angedeutet.

Anmerkung der Übersetzerin: Die Zitate aus William Shakespeares *Hamlet* folgen der Übersetzung von August Wilhelm Schlegel.

1. Szene

Eine Kirche mit einem großen runden Glasfenster. Kirchenbänke. Dunkel. Ernste Orgelmusik, ein Präludium, dann Adas Stimme. Sie betet kniend.

ADA Weil ich solches höre, bebt mein Leib, meine Lippen zittern von dem Geschrei. Fäulnis fährt in meine Gebeine, und meine Knie beben. Da wird der Feigenbaum nicht grünen, und es wird kein Gewächs sein an den Weinstöcken. Der Ertrag des Ölbaums bleibt aus, und die Äcker bringen keine Nahrung; Schafe werden aus den Hürden gerissen, und in den Ställen werden keine Rinder sein. Aber ich will mich freuen des HERRN und fröhlich sein in Gott, meinem Heil. Denn der HERR ist meine Kraft, er wird meine Füße machen wie Hirschfüße und wird mich über die Höhen führen.

SISTER FRANCES *tritt im Nonnengewand ein. Sie bekreuzigt sich und kniet sich hin.* Mrs. Posten.

ADA Sister Frances. Was gibt es Neues?

SISTER FRANCES Kurz und knapp: die Kinderkrippe brennt, die Tiere sind aus dem Zoo ausgebrochen, Ihre Tochter ist wieder in ihr Koma gefallen, und Pater O'Reilly hat möglicherweise die Kleinkinder begrabscht.

ADA Nicht die Kleinkinder!

SISTER FRANCES Ich weiß, er hat sie begrabscht, ich habe keinen Zweifel daran. Wo und wie viele, muss noch festgestellt werden.

ADA Die Kinderkrippe brennt.

SISTER FRANCES Sie ist fast schon bis auf den Grund abgebrannt, und der Feuerwehr geht das Wasser aus.

ADA Und die Tiere im Zoo.

SISTER FRANCES Darunter die Tiger und die Löwen, die giftigen Schlangen, die Eisbären und die bösartig veranlagten Elefanten.

ADA Und meine Tochter ist wieder in ihr Koma gefallen, in das sie seit sechs Jahren immer wieder rein- und rausfällt.

SISTER FRANCES Ihre Tochter ist für ein paar Augenblicke aufgewacht, hat nur »Bitte« gesagt und ist wieder ins Koma gefallen, in das sie schon seit sechs Jahren rein- und wieder rausfällt.

ADA Was können wir tun?

SISTER FRANCES Wir können nichts tun, fürchte ich.

ADA Können wir nicht versuchen, Gott, unseren Herrn, mit Gebeten zu erweichen?

SISTER FRANCES Ach. Gott ist gestorben. Das habe ich Ihnen noch gar nicht erzählt.

ADA Die Kinderkrippe brennt, meine Tochter ist in ihr Koma zurückgefallen, Pater O'Reilly hat die Kleinkinder begrabscht, die furchterregendsten Tiere sind aus dem Zoo ausgebrochen, und Gott ist gestorben.

SISTER FRANCES Genau. Jetzt sind Sie auf dem neuesten Stand.

ADA Was für ein Tag.

SISTER FRANCES Richtig, was für ein Tag, und er ist noch nicht vorbei.

ADA Er ist noch nicht mal halb vorbei.

SISTER FRANCES Noch nicht mal halb vorbei, richtig, und ich erwarte für heute Abend weitere schlechte Nachrichten.

ADA Was kann denn noch passieren: über ein Koma, ausgebrochene Giftschlangen, brennende Kinderkrippen und die Tatsache, dass Gott tot ist, hinaus?

SISTER FRANCES Sie haben Pater O'Reilly vergessen, der die Kleinkinder begrabscht hat.

ADA Wie konnte ich das vergessen? Wie viele Kleinkinder hat er begrabscht?

SISTER FRANCES Er hat vermutlich 37 Kleinkinder begrabscht.

ADA 37!

SISTER FRANCES Das ist eine Zahl, mit der wir vielleicht leben können, aber keine Zahl, die wir verkraften können.

ADA Und der blinde Thomas?

SISTER FRANCES Den blinden Thomas hat er auch zweimal begrabscht, der blinde Thomas dachte, ihm wird sein Messdiener-Gewand angepasst.

ADA Und Gott wacht nicht mehr über uns. Seine Augen, sie beschützen uns nicht mehr.

SISTER FRANCES Irgendwie sind sie Schutz gewesen und auch überhaupt kein Schutz. Was ist mit den Millionen, die an Seuchen und Kriegen und Völkermord und anderen menschlichen Grausamkeiten gestorben sind?

ADA Wie haben Sie erfahren, dass Er stirbt?

SISTER FRANCES Schwester Josephine hat es mir erzählt.

ADA Und wie hat sie von Gottes Tod erfahren?

SISTER FRANCES Pater O'Reilly hat es ihr erzählt, und dann hat er den blinden Thomas zweimal begrabscht.

ADA Und Pater O'Reilly?

SISTER FRANCES Vom Bischof, der hat es vom Kardinal gehört, der es von einem Freund aus Monte Carlo gehört hat, einem Pferdezüchter, der es von einem fahrenden Zigeuner gehört hat, der hat es von einem Propheten gehört, und der hat sogar das Geräusch gehört, das Gott gemacht hat, als er starb.

ADA Gott hat ein Geräusch gemacht, als er starb?

SISTER FRANCES Ein Geräusch wie ein Donnerschlag. Ich habe nie verstanden, wieso man das Geräusch Donner-Schlag nennt, es klingt eher wie eine Ohrfeige auf den nackten Himmel.

ADA Hat Gott etwas gesagt, bevor Er gestorben ist?

SISTER FRANCES Gott im Himmel hat auf uns herabgeblickt, die wir an seiner harten und nackten Erde kleben, und nur noch gesagt: »Was habe ich getan?« Dann ist er gestorben. Und dann die donnernde Ohrfeige.

ADA *probt die letzten Worte.* »Was habe ich getan?«

SISTER FRANCES Gottes letzte Worte.

ADA »Was habe ich getan?«

SISTER FRANCES Seine letzten Worte von so vielen.

ADA »Was habe ich getan?«

SISTER FRANCES Er hat viele Fehler gemacht, das hat Er getan. Für Philosophen ergeben diese letzten Worte vielleicht einen Sinn, aber ich, eine ergebene und reine Dienerin des Herrn, keusch, außer damals mit Mr. Meadows unter dem Rosenbusch, denke, Er hat auf seine Welt herabgeblickt und festgestellt, Er hätte es besser machen können.

ADA Er hätte es etwas besser machen können.

SISTER FRANCES Etwas besser sagt man bei einem misslungenen Rezept für Schweinebraten. Diese Welt ist im Arsch.

ADA Es ist nicht alles schlecht.

SISTER FRANCES Mit Seuchen und Hungersnot.

ADA Mit Frühling und Wind.

SISTER FRANCES Mit sterbenden Kindern und Blindheit.

ADA Mit Gold und Lachen.

SISTER FRANCES Unfruchtbaren Frauen und Komaanfällen.

ADA Nebel und Küssen.

SISTER FRANCES Schweigen und Schwulen.

ADA Herbst und Sonnenschein.

SISTER FRANCES Entlaufenen Zootieren und brennenden Kinderkrippen.

ADA Mit der Gnade jeder Morgenröte.

SISTER FRANCES Mit der endlosen Hölle, tagtäglich alles wieder von vorn beginnen zu müssen. Die Uhr tickt in der Eingangshalle, und jeder Schlag schlägt Verlust, Verlust, Verlust. Und was tue ich hier in diesem lächerlichen Kostüm, lege Keuschheitsgelübde ab, abgesehen von jenem Septembernachmittag mit Mr. Meadows. Ich muss dringend einmal wieder ficken. *Sie öffnet ihre Tracht und trägt darunter ein dünnes mit Strass besetztes Fähnchen.* Jesus ist für die Sünden anderer gestorben, für meine nicht.

Sie geht.

ADA Ich weiß, Du hörst nicht zu, damit hatte ich schon gerechnet, aber ich habe ohnehin mein Leben lang gebetet, und setze das jetzt in der Leere Deiner Abwesenheit fort. Der Herr ist mein Hirte, mir wird nichts mangeln. Er weidet mich auf einer grünen Aue und führet mich zum frischen Wasser. Er erquickt meine Seele. Er führet mich auf rechter Straße um seines Namens willen. Und ob ich schon wanderte im finstern Tal, fürchte ich kein Unglück.

Harper tritt ein, gespielt von der Schauspielerin der Sister Frances.

ADA Du salbst mein Haupt mit Öl und schenkest mir voll ein. Gutes und Barmherzigkeit werden mir folgen mein Leben lang. Und ich werde bleiben im Hause des Herrn immerdar.

HARPER Amen.

ADA Harper?

HARPER Ich bin's, Mami.

ADA Ich dachte, du bist wieder in dein Koma gefallen.

HARPER Ich bin wieder rausgefallen.

ADA Komm her und küss deine Mutter. Oh, mein Liebling, dich bei Bewusstsein zu haben, ist der größte Segen.

HARPER Habe ich irgendwas versäumt?

ADA Hm, ja. Du hast ziemlich viel versäumt.

HARPER Ich habe gesehen, dass die Kinderkrippe brennt.

ADA Ja, sie brennt. Und der Feuerwehr geht das Wasser aus.

HARPER Und ich wurde auf dem Weg hierher beinahe von einem Löwen zerfleischt.

ADA Die Tiere sind ausgebrochen. Sogar die bösartig veranlagten Elefanten.

HARPER Und Pater O'Reilly hat versucht, mich unterm Rosenbusch zu begrabschen.

ADA Pater O'Reilly hat jeden begrabscht, auch die Kleinkinder und den blinden Thomas.

HARPER Ist das alles?

ADA Nicht ganz. Ich fürchte, Gott ist gestorben.

HARPER Nein, ist Er nicht.

ADA Mein Liebling, tut mir leid, dass ausgerechnet ich es dir sagen muss, aber Er ist tot. Er hat seine letzten Worte gesagt, die schrecklich unbefriedigend waren, »Was habe ich getan?«, und dann ist Er mit einer donnernden Ohrfeige gestorben.

HARPER Nein, Mutter. Ich habe mit Ihm gesprochen.

ADA Du hast mit Gott gesprochen.

HARPER Ja, hab ich.

ADA Er lebt noch?

HARPER Lebt und spricht und atmet.

ADA Was hat Er gesagt?

HARPER Er hat gesagt, geh in die Welt, erfüllt von Seinem Segen und verbreite Seine Entschuldigung unter den Menschen.

ADA Was ist Seine Entschuldigung?

HARPER Dass Er die Welt nicht besser gemacht hat.

ADA Er hätte sie etwas besser machen können.

HARPER Etwas besser sagt man von seinem ersten Kuss. Als der blinde Thomas versucht hat, mir die Zunge in den Arsch zu stecken. Und alle haben sich drei Jahre lang über mich lustig gemacht, weil ich ihn damals als Erste, und das nur aus Mitleid, geküsst hatte. Ist mir inzwischen auch egal. Die Welt muss genügen, so wie sie ist. Ich bin die Posaune des Herrn! Ich bin Sein Gefäß! Lass uns gehen, damit ich das Wort Seines Evangeliums predigen kann.

ADA Komm, wir gehen.

Sie beginnen zu gehen.

HARPER Oh nein.

ADA Was ist, mein Liebling?

HARPER Ich fürchte, ich falle wieder in mein Koma.

ADA Nicht schon wieder das Koma! Ich ertrage die Stunden ohne dich nicht!

HARPER Das Licht wird schwächer. Die Geräusche werden leiser. Und jetzt ist da nur noch Stille. Und jetzt nur Dunkelheit. Und wieder einmal falle ich in den Zustand zwischen Leben und Tod, zwischen Licht und Schatten, wo mich niemand hören kann und niemand meinen Namen kennt. *Sie fällt ins Koma.*

ADA Nicht doch, meine Tochter! Ich kann nicht umhin zu weinen. Könnte ich dich nur erwecken aus diesem Schlaf, mein Liebling. Mein Herzchen. Diese Tränen, sie gelten dir. Und wie viele habe ich vergossen, während du schweigst? Mein Liebling. Mein Herzchen. Ich nehme Deine Entschuldigung nicht an! Hörst Du? Ich nehme sie nicht an! Jetzt hilft nur noch beten: Gedenke doch, HERR, wie ich vor Dir in Treue und ungeteilten Herzens gewandelt bin, und ich habe getan, was Dir gefallen hat? Dann sagte der HERR zu Jesaja: So spricht der HERR: Ich habe dein Gebet gehört. Siehe, ich will den Schatten an der Sonnenuhr zehn Striche zurückziehen, über die er gewandert ist. Und die Sonne lief zehn Striche zurück an der Sonnenuhr, über die sie gewandert war. »Was habe ich getan?« Womit habe ich das verdient?
Die Orgelmusik schwillt an. Das Licht nimmt ab, während Ada ihre komatöse Tochter beweint.

Auf morgen ist Sankt-Valentins-Tag,
Wohl an der Zeit noch früh,
Und ich, ne Maid, am Fensterschlag
Will sein euer Valentin.

2. Szene

Ein spärlich eingerichtetes Apartment in New York City an der 70. Straße West, zwischen Broadway und Columbus. Ophelia, schwanger bis zum Platzen, hat eine Zigarette zu Ende geraucht und steckt die nächste an der alten an. Sie geht auf und ab. Sie redet mit dem Baby in ihrem Bauch.

OPHELIA Entschuldige, dass ich so viel rauche, mein noch namenloser Fötus. Ich schäme mich vor mir selbst, und meine Finger sind gelb, und meine Lunge ist schwarz, und niemand hat dich gefragt, ob du überhaupt eine Zigarette willst, und wenn es jemand getan hätte, hättest du wahrscheinlich »Nein« gesagt. Aber vielleicht würdest du auch sagen, »Ja, bitte, lass mich mal ziehen«. Vielleicht wäre dir eine andere Sorte lieber. Menthol-Zigaretten. Wer weiß? Aber niemand hat dich gefragt, und selbst wenn, könntest du sowieso nicht sprechen. Dürfte ich meine ersten Worte noch einmal sagen, dann würde ich »Scheißdreck« sagen, aber ich habe damals »Papa« gesagt, und jetzt ist er Gott weiß wo, und ich darf meine letzten Worte nicht sagen, bis es so weit ist, und jetzt gibt es nur die dazwischen, zwischen den ersten und letzten. *Sie steckt sich noch eine Zigarette an.* Meine Sucht ist beschämend. Mein Atem riecht schlimmer als die Fürze alter Leute. Meine Zähne sind verfärbt, mein Zahnfleisch ist schon fast braun. Und du, noch ungeboren – es ist noch zu früh, zu sagen, welche Behinderung das alles bei dir ausgelöst hat – du wartest auf den rechten Zeitpunkt, anzukommen, lange kann es nicht mehr dauern, und ich verspreche dir eins: Du wirst deinen Vater kennen. Ich kannte meinen nicht, und ich spüre, es hat meiner psychischen Entwicklung geschadet. Dein Vater ist ein Mann, der J. Eddie heißt, den ich geliebt habe, seit ich elf war. Eine lange Zeit, um jemanden zu lieben. Und es war ein ständiges Kommen und Gehen. Meistens war es Gehen. Wenig Kommen. Meistens Gehen. Aber er ist oft genug gekommen, und du bist der Beweis dafür. Jetzt, jetzt, jetzt muss er sich zu dir bekennen. Du sollst kein uneheliches Kind sein. Du wirst deinen Vater kennen.

Ada tritt mit Grandezza auf. Sie sagt lange nichts und hat das offenbar einstudiert.

ADA Ophelia.

OPHELIA Mutter.

ADA *zieht ihre Perücke ab und ihr Kostüm aus. Sie löst ihre Frisur.* Hast du mit deinem noch namenlosen Fötus geredet?

OPHELIA Mit wem soll ich sonst reden?

Ada geht zum Telefon.

OPHELIA Bitte, jetzt nicht telefonieren. Ich erwarte einen Anruf.

ADA Dich ruft niemand an.

OPHELIA Klar rufen mich Leute an, davon weißt du bloß nichts, ich erwarte einen Anruf vom Vater des Kindes, wenn du es unbedingt wissen willst.

ADA Schrei mich nicht an, und hör auf, Kette zu rauchen. Es ist schon schlimm genug für dich, aber denk an dein Kind, wenn schon nicht an dich selbst. *Sie nimmt die Zigarette und macht sie aus. Sie setzt sich mit großer Geste hin.* Willst du mich nicht fragen, wie mein Tag war?

OPHELIA Nein.

ADA Gut, dann sag ich es dir.

OPHELIA Ich will es nicht hören!

ADA Eben heute ist die Kinderkrippe abgebrannt, die Tiere sind aus dem Zoo ausgebrochen, darunter die giftigen Schlangen, Gott ist gestorben oder wurde für tot erklärt, dann kamst du für eine kurze Szene lang aus deinem Koma raus, dann bist du kurz vor Ende der Szene zurück ins Koma gefallen mit so einer Scheißrede über das Dunkel, in der keiner deinen Namen kennt. Die Autoren dieser Serie sollten vor Gericht gestellt und verurteilt werden. Autistische Kinder schreiben bessere Dialoge. Lassen wir die Handlung mal außen vor. Die Handlung! Lass mich bloß nicht davon anfangen.

OPHELIA Du hast selbst davon angefangen.

ADA Hat nicht schon Aristoteles gesagt: »Die Handlung sollte so aufgebaut sein, dass jeder, der die Ereignisse bereits kennt, auch wenn er sie nicht sieht, Schauder und Mitleid empfindet.« Der Mann sprach von der Erweckung von Furcht und Mitleid, und was habe ich hier, Priester, die blinde Kinder begrabschen, und Komaanfälle und bösartig veranlagte Elefanten!

OPHELIA Du hast »du« gesagt.

ADA Wie bitte.

OPHELIA Du hast gesagt, »Und dann kamst du aus deinem Koma raus«.

ADA Nein. Ich habe gesagt, meine Tochter im Stück. Harper. Sie ist von den Toten zurückgekehrt, nachdem dieser Film über das arme Bauernmädchen, das mit Pferden sprechen konnte, ziemlich gefloppt ist, und sie hat Glück, dass sie sie noch mal genommen haben, ihr Spiel ist so eindringlich wie das einer Kabelrolle.

OPHELIA Du hast »du« gesagt.

ADA Ich habe »du« gesagt, ich habe nicht »du« gesagt, was ist der Unterschied?

OPHELIA Ich bin deine Tochter.

ADA Glaubst du, ich weiß das nicht?

OPHELIA Ich bin deine Tochter Ophelia, übrigens, danke für den Namen. Jeder hält mich für so eine Art Metapher und wahrscheinlich für halb oder total gaga.

ADA Du bist meine Tochter.

OPHELIA Ich will nicht, dass du wieder so durcheinandergerätst.

ADA Das ist schon lange her, und du hast gesagt, du würdest es nie mehr erwähnen.

OPHELIA Sie haben dich in die Klapsmühle gesteckt und dir eine Zwangsjacke angelegt. Sie mussten dich aus der Folge rausstreichen, wie war das noch mal, ach ja, du hast einen vom Verfassungsgericht ermordet und bist ins Exil nach Venezuela gegangen, weil die kein Auslieferungsabkommen mit den USA haben.

ADA Jeder weiß, dass sie kein Auslieferungsabkommen haben. Also war das der ideale Ort für mich!

OPHELIA Nicht für dich. Für Emily Posten.

ADA Nicht für mich. Natürlich nicht für mich. Ich bin noch nie in Venezuela gewesen, aber wir sollten da wirklich mal Urlaub machen.

OPHELIA Ich hatte noch nie eine so ruhige Zeit wie damals, ohne dein ständiges Gequatsche über *Woher kommt der Donner?*, diese drittklassige Seifenoper, und ach, die Handlung, und ach, die Dialoge, und ach, die Besetzung, und ach, die Crew, unmögliche Bedingungen für mich!

ADA Es ist ziemlich schwierig, die böse Ausgabe von dir selbst zu spielen und die gute Ausgabe von dir zu entführen und dann die böse Ausgabe, als gute Ausgabe, mit eigenen Händen zu erwürgen. Dabei würde ich dich gern mal sehen, und ich habe in diesem Jahr dafür den Emmy für Vorabendserien bekommen.

OPHELIA Emmys für Vorabendserien zu bekommen ist ungefähr so schwer, wie sich eine Geschlechtskrankheit einzufangen.

ADA Ich sehe hier keinen von deinen Emmys, weder für den Vorabend noch für sonst was.

OPHELIA »Verzeihung, könnte ich vielleicht einen Tripper bekommen?« – »Vielen Dank.« – »Vielleicht auch Herpes?« – »Noch mal, vielen Dank.«

ADA Ich habe die Rolle der Emily Posten 27 Jahre lang gespielt.

OPHELIA Abgesehen von den sechs Monaten in der Klapsmühle.

ADA 27 Jahre lang war ich das weibliche Oberhaupt der Posten Family. Durch sämtliche Hochs und Tiefs, die Geburten, die Tode, die Komaanfälle, die Vaterschaftsprozesse, die abgesagten Hochzeiten, die Entführungen durch Außerirdische, Inzest, Vatermord und jetzt auch noch den vermutlichen Tod Gottes. Kannst du dir das vorstellen? Eine Welt ohne Seine Aufsicht, Seine milde Gnade und Seinen unendlichen Segen? Seine letzten Worte lediglich, »Was habe ich getan?«, »Was habe ich getan?«.

OPHELIA *applaudiert.* Niemand will dich mehr sehen.

ADA Nein. Aber sie wollten mich sehen. 27 Jahre lang. Ich habe einen Vertrag auf Lebenszeit mit der Serie. Ohne Einschränkungen oder Ausnahmen. Ich habe den Vertrag unterschrieben. Über die Sisyphus-Aufgabe, über die Posten-Family zu wachen, über ihre Tiefs, ihre Hochs –

OPHELIA Du bist Schauspielerin. Du hast keine Persönlichkeit.

ADA Ich habe enormes Charisma, und ich habe meinen Instinkt!

OPHELIA Den lieben langen Tag tust du nur so als ob, wie ein Kind. Und ich? Ich habe Verantwortung und wirkliche Probleme. Du hast Komaanfälle und gespaltene Persönlichkeiten.

ADA Komaanfälle und gespaltene Persönlichkeiten existieren in der wirklichen Welt.

OPHELIA Wen kennst du, der im Koma liegt?

ADA Auf Anhieb niemanden.

OPHELIA Nenne mir einen Menschen mit gespaltener Persönlichkeit.

ADA Ich kenne keinen persönlich.

OPHELIA Und hast du nicht eben noch gesagt, die Handlung sei absurd?

ADA Es ist schwierig, 27 Jahre lang an derselben Geschichte zu schreiben. Hier, ich habe den Text für morgen bekommen. Du liegst im Koma in der Klinik. Deine Schwester –

OPHELIA Ich liege nicht im Koma, und ich habe keine Schwester!

ADA Verzeihung. Meine Tochter in der Serie. Harper ist wieder in ihr Koma gefallen. Und ich halte Nachtwache an ihrem Bett und hier, lies dir mal diesen Monolog durch. Verstehst du? Das alles muss ich sagen. Kaum zu glauben. *Sie lacht vor sich hin.*

OPHELIA Ich sterbe vor Mitgefühl.

ADA Deine böse Zwillingsschwester Bathsheba kommt herein, wir haben eine sehr intensive Szene, und danach wirft sie sich aus dem Fenster, und zwar aus dem 23. Stock.

OPHELIA Ich habe keine böse Zwillingsschwester! Niemand hat eine böse Zwillingsschwester!

ADA Bathsheba bringt sich um, nachdem sie gerade aus dem Gefängnis gekommen ist, um die Rolle einer Kieferchirurgin zu spielen.

OPHELIA Sie finden schon einen Weg, sie zurückzuholen.

ADA Ich sehe nicht, wie sie nach einem Sturz aus dem 23. Stock gerettet werden könnte.

OPHELIA Da könnte ein Wagen stehen, beladen mit Heu, oder so ein Netz.

ADA Wieso parkt ein Wagen, beladen mit Heu, vor einem Krankenhaus?

OPHELIA Ein Heuwagen würde nie vor einem Krankenhaus parken, genau wie nie jemand stirbt. Nie. Wie oft bist du gestorben? Sechsmal?

ADA Nur fünf.

OPHELIA Nur fünf. Da war das Luftschiff, das Feuer gefangen hat, der entgleiste Schnellzug, die Dingo-Beißattacke während der Ferien im Busch, die Schussverletzung im Gesicht, die du überlebt hast, ohne auch nur den kleinsten Kratzer, und ich habe vergessen, was noch alles.

ADA Den Unfall beim Fallschirmspringen.

OPHELIA Wie konnte ich den Unfall beim Fallschirmspringen vergessen? Erzähl mir noch mal, wie du es fertiggebracht hast, einen Sturz aus sieben Kilometer Höhe zu überleben.

ADA Ein Heuwagen.

OPHELIA Genau das habe ich vorhin gesagt!

ADA Aber wir waren doch auf dem Land, da gehört ein Heuwagen auch hin. Das hier ist ein Krankenhaus, da hat ein Heuwagen nichts zu suchen.

OPHELIA Da stirbt nie jemand! Und jetzt schau dich mal in dieser Welt um. Jedes lebendige Ding schnappt nach Luft. Wir alle sterben, manche früher, manche später, aber jeder stirbt. Was ist mit deinem Film-Ehemann passiert?

ADA Ich habe ihn im Schlaf erstickt, weil er versucht hat, die arme Harper in ihrem Koma sexuell zu belästigen. Das werde ich ihm nie verzeihen.

OPHELIA Im wirklichen Leben. Was ist da mit ihm passiert?

ADA Im wirklichen Leben?

OPHELIA Im wirklichen Leben.

ADA Im wirklichen Leben hat er sich erhängt. Ein feiger Akt, Selbstmord. Dermaßen egoistisch. Er hat so viele zurückgelassen.

OPHELIA Und was ist dann passiert?

ADA Ich habe seine Abwesenheit beklagt. Ich habe gejammert und geweint. Ich wurde von Leid geschüttelt, das ist passiert.

OPHELIA Und was ist dann in der Serie passiert?

ADA Sie haben einen anderen Schauspieler für die Rolle geholt.

OPHELIA Innerhalb einer Woche hatten sie einen neuen Ehemann für dich, und du hast nicht ein Wort gesagt, wie etwa »O Gott, du bist ja ein ganz anderer Mensch!«.

ADA Seine Rolle war zu wichtig, um sie sterben zu lassen. Er ist das Familienoberhaupt der Posten Family.

OPHELIA Und wie läuft es zwischen dir und deinem Mann?

ADA Nicht so gut. Er will meiner Tochter Stammzellen entnehmen, solange du hilflos im Koma liegst. Ich meine Harper. Ich meinte, Harper liegt hilflos im Koma. Und ich versuche eine einstweilige Verfügung zu bekommen, aber er hat den Richter bestochen. Und ihm gehören die Zeitungen. Aber diese Erpressungsklage kommt vielleicht nicht durch, und dann sehen wir, wie es weitergeht.

OPHELIA Ich habe Papa gemeint. Deinen echten Mann.

ADA Diese Unterhaltung werden wir jetzt nicht führen. Ich muss meinen Text durchgehen.

OPHELIA Wie läuft es mit dem alten Paps?

ADA *schaut in ihren Text.* »Und hier liegst du, kleiner Spatz, aus diesem Schlaf kann ich dich nicht erwecken.«

OPHELIA Mein Vater! Ich will wissen, wer mein Vater ist!

ADA Tut mir leid, Ophelia. Aber er will nichts von dir wissen. Du bist inzwischen alt genug, um das zu verstehen. Hilfst du mir beim Textlernen?

OPHELIA Ich habe echte Probleme. Ich bin schwanger, ich muss einem neuen Leben helfen, auf die Welt zu kommen. Ich habe einen Vater, der nichts von mir wissen will! Und der Vater meines Kindes will meinen Namen nicht sagen. Ich will kein uneheliches Kind!

Das Telefon klingelt. Beide schauen sich an. Ophelia nähert sich dem Telefon, macht sich ihre Haare zurecht.

ADA Was machst du an deinen Haaren rum, er kann dich doch sowieso nicht sehen.

OPHELIA Klappe! *Sie nimmt ab. Besonders ruhig* Hallo? Nein. Hier ist 4382. Passiert häufig. Das kann jedem passieren. Möchten Sie sich unterhalten? Mit mir nicht. Natürlich. Wiedersehen. *Sie legt auf.* Niemand will sich mit mir unterhalten. Nicht einmal Fremde! Der Vater meines Kindes hat sich dazu entschieden, meinen Namen nicht zu sagen!

ADA Das tut mir leid, Liebling. Komm, ich nehme dich in den Arm. Weißt du noch, wie ich dich immer gehalten habe, wenn du Angst hattest? Und ich habe gesungen. Weißt du noch, was ich gesungen habe?

OPHELIA Ich weiß es noch. Singst du es jetzt? Das Lied, das du immer gesungen hast.

ADA Das Lied, das ich immer gesungen habe. *Sie singt.*

Guten Abend, gute Nacht, von Englein bewacht,
mit Näglein besteckt, schlupf unter die Deck.
Morgen früh, wenn Gott will, wirst du wieder geweckt.
Morgen früh, wenn Gott will, wirst du wieder geweckt.

OPHELIA Danke, Mutter.

ADA Also. Jetzt gehen wir den neuen Text durch. Ich spiele mich. Und du spielst meine komatöse Tochter.

OPHELIA Aber du vergisst nicht, wer ich wirklich bin.

ADA Natürlich nicht.

OPHELIA Ich bin deine Tochter in diesem Leben.

ADA Ja, ja, das hatten wir schon mal.

OPHELIA Ich wollte nur sichergehen.

ADA Fang an! Fall ins Koma.

Ophelia spielt, dass sie im Koma liegt. Sie macht es unwillig.

»Und hier sind wir, kleiner Spatz, aus diesem Schlaf kann ich dich nicht erwecken. Ich trage Schwarz, du kannst es nicht sehen, aber ich trauere um dein Leben …«

Das Licht geht langsam über ins Black.

Leider! ach leider!
Und manche Trän' fiel in Grabes Schoß –
Fahr wohl, meine Taube!

3. Szene

Ein Zimmer in einem Krankenhaus im 23. Stock. Harper liegt im Koma, gespielt von einem Dummy. Ada, ganz in Schwarz, hält Nachtwache.

ADA Und hier sind wir, mein kleiner Spatz, aus diesem Schlaf kann ich dich nicht erwecken. Ich trage Schwarz, du kannst es nicht sehen, aber ich trauere um dein Leben. Ich zünde eine Kerze an. Vielleicht fühlst du ganz tief, tief in dir, dass sie brennt. Ich weiß nicht mehr, was du hörst und was nicht. Ob meine Stimme für dich die deiner Mutter ist oder bloß irgendein Geräusch. Ich habe nie gefragt, was du noch mitbekommst in deinem Schlaf. Aber ich bin da, ich werde nicht von diesem Flecken Erde weichen, bis du aufwachst. Sollen sie versuchen, mich zu bewegen, ich bin unbeweglich, so wie sich der Berg nicht im Wind bewegt, so ist es mit mir. Oh, mein Liebling, erinnerst du dich noch, als du ein kleines Mädchen warst? Dünne Ärmchen, dünne Beinchen. Du hattest Angst davor, deine Augen zu schließen. Und ich musste dich austricksen. Ich habe dich ausgetrickst, damit du einschläfst, und jetzt will ich nur noch, dass du aufwachst. *Sie singt.*
Guten Abend, gute Nacht,
von Englein bewacht.
Sie zeigen im Traum dir Christkindchens Baum.
Schlafe selig und süß
Schau in Traums Paradies.

Du musst aufwachen, mein Liebling, auch wenn Worte dich nicht dazu bewegen können. Gibt es ein Wort, das dich dazu bewegen könnte, anstiften könnte, die Augen zu öffnen? Oder sind wir jetzt über die Worte hinaus, an ihnen vorbei, kann dich noch irgendetwas bewegen? Ich kann nicht umhin zu weinen. Siehst du diese Tränen? Irgendein Teil von dir weiß, dass ich um dich weine, mein Liebling, mein kleiner Spatz. Ich bete. Von dem Tag an, da wir von dir gehört haben, hörten wir nicht auf, für dich zu beten und zu bitten, dass du erfüllt werdest mit der Erkenntnis Seines Willens in aller geistlichen Weisheit und Verständnis.

Bathsheba, Harpers böse Zwillingsschwester, ist da.

ADA Und wir beten, dass ihr wandelt würdig dem Herrn zu gefallen und fruchtbar seid in allen guten Werken und wachset in der Erkenntnis Gottes und danksaget dem Vater, der uns tüchtig gemacht hat zu dem Erbteil der Heiligen im Licht.

BATHSHEBA Amen.

ADA Bathsheba. Wann bist du aus dem Gefängnis entlassen worden, damit du jetzt eine Kieferchirurgin spielst?

BATHSHEBA Ich bin wegen guter Führung vorzeitig entlassen worden.

ADA Ich habe dir immer gesagt, dass Verbrechen sich nicht auszahlen.

BATHSHEBA Ich wurde ausgezahlt. Und zwar sehr gut. Ich habe an einem Nachmittag zwei Wurzelkanäle gelegt, eine Krone fixiert und vier Weisheitszähne gezogen. Das Problem sind die Scheißkassenärzte.

ADA Schluss mit Kieferchirurgie und Kassenärzten!

BATHSHEBA Ich habe dir im Gefängnis ein persönliches Nummernschild gemacht. *Sie holt ein persönliches Nummernschild heraus, auf dem M-U-T-T-E-R steht.*

ADA Ich habe keine Zeit für persönliche Nummernschilder.

Hier liegt deine Zwillingsschwester im Koma und ist mit Worten nicht zu bewegen.

BATHSHEBA Worte können nicht jeden bewegen.

ADA Ich glaube, du hast Recht. Darüber sind wir längst hinaus.

BATHSHEBA Ich habe gehört, Gott ist gestorben.

ADA Das war bloß ein haltloses Gerücht.

BATHSHEBA Wieso bist du dir so sicher?

ADA Ich fühle es.

BATHSHEBA Ist Er hier in diesem Zimmer?

ADA Natürlich ist Er in diesem Zimmer, Er ist überall.

BATHSHEBA Warum hat Er dann meine Schwester ins Koma fallen lassen?

ADA Es ist nicht an uns, Gottes Absichten zu verstehen, sondern Seine Worte zu befolgen.

Bathsheba steckt sich eine Zigarette an.

ADA Du sollst nicht rauchen!

BATHSHEBA Nein, sollte ich nicht. Es ist schlecht für mich.

ADA Denk an deine Schwester, wenn schon nicht an dich selbst.

BATHSHEBA Passivrauchen ist wohl ihre geringste Sorge. Sie liegt im Koma.

ADA Das ist wahr. Die arme Harper hat größere Sorgen als die karzinogene Wirkung von Passivrauchen.

BATHSHEBA Kann sie mich hören?

ADA Ich hoffe es.

BATHSHEBA *streichelt sie.* Siehst du. Ich streichle sie wie ein zu früh geborenes Baby. Oh, meine arme Schwester liegt im Koma. Ich habe eine Frage an sie.

ADA Vielleicht kann ich sie beantworten.

BATHSHEBA Die ist nur für sie. Kannst du mich hören, liebe Schwester? Knapp zwei Minuten älter. Zwei Minuten länger auf dieser Welt. Meine Frage ist folgende. *Sie schlägt Harper heftig.* Tut das weh? Tut das weh?

Bathsheba schlägt Harper. Ada muss Bathsheba wegziehen.

BATHSHEBA Tut das weh? Tut es das?

ADA *knallt ihr eine.* Hör sofort auf damit!

BATHSHEBA Ich werde meine Zwillingsschwester umbringen.

ADA Das wäre ein Verstoß gegen deine Bewährungsauflagen.

BATHSHEBA Das wäre ein Verstoß gegen das fünfte Gebot, von meinen Bewährungsauflagen ganz abgesehen.

ADA Aber sie kann sich nicht verteidigen, das ist nicht fair.

BATHSHEBA Nein. Und das war es noch nie. Aber das weißt du doch, oder, Mutter? Bestimmt. Sie wurde zuerst geboren, zwei Minuten. Und genau in diesen zwei Minuten hast du dich wahrscheinlich entschieden, sie mehr zu lieben, egal, was danach rauskommen würde.

ADA Bathsheba, pass auf, was du sagst!

BATHSHEBA Ich habe mein Leben lang aufgepasst, was ich sage. Mich auf und ab bewegt, hin und her, dieselben Töne von mir gegeben wie alle anderen, dieselben Konsonanten, dieselben Vokale. Vielleicht finde ich nicht die richtigen Worte, aber keins, das ich je gesagt habe, konnte dich dazu bringen, mich so zu lieben wie sie. Können wir ganz offen sprechen, Mutter? Jetzt, wo die Welt so alt ist, können wir ausnahmsweise einmal ganz offen sprechen?

ADA Du willst offen sprechen?

BATHSHEBA Das wollte ich schon immer.

ADA Ihr beide gleicht euch wie Spiegelbilder. Genau das gleiche Gesicht, die gleiche Augenfarbe, der gleiche Körperbau, und trotzdem habe ich sie geliebt und dich nicht. Vielleicht hast du Recht. Vielleicht ist in diesen zwei Minuten etwas zwischen ihr und mir passiert. Ich habe die Zeit, die verging, wahrgenommen. Und den Schmerz. Und ich habe sie angeschaut und einen Engel auf dieser Erde gesehen, und als ich dich angeschaut habe, habe ich nichts gesehen. Nichts. Hörst du mich?

BATHSHEBA Ich höre dich.

ADA Dein Schreien und Flüstern haben mich nie berührt, und ich habe dich nie geliebt. Du wolltest offen sprechen, da hast du's, verkraftest du das?

BATHSHEBA Genau das habe ich mein ganzes Leben lang vermutet.

ADA Und jetzt hast du den Beweis für deine Vermutung.

BATHSHEBA Ich habe mein ganzes Leben lang ohne Liebe gelebt. Weder von dir noch von irgendeinem anderen Menschen, allein, genau wie die Sterne, die so hell leuchten und trotzdem so kalt sind. Weißt du noch, wie ich dich gefragt habe, ob es bedingungslose Liebe gibt?

ADA Weißt du meine Antwort noch?

BATHSHEBA Du hast nein gesagt.

ADA Ich habe nein gesagt. Liebe ist etwas, was du gibst, und etwas, was du entziehst.

BATHSHEBA Deswegen bin ich in die Kriminalität abgerutscht! Um dir einen Anlass zu geben, die Frage zu beantworten.

ADA Was ist die Frage?

BATHSHEBA Liebst du mich?

ADA Du kennst die Antwort.

BATHSHEBA Sprich sie aus.

ADA Nein.

BATHSHEBA Nein. So einfach ist das, und mein ganzes Leben lang habe ich auf die Antwort gewartet.

ADA Wie gehst du jetzt damit um?

BATHSHEBA So. *Sie entfernt alle Schläuche von Harper. Herzstillstand.* Gute Nacht, süße Damen, gute Nacht, gute Nacht! *Sie springt aus dem Fenster.*

ADA Schwester! Schwester! *Sie klingelt, aber die Klingel geht nicht.* Bitte, helfen Sie mir! Meine Tochter liegt im Koma, und ihre böse Zwillingsschwester hat ihr alle Schläuche entfernt und ist aus dem Fenster im 23. Stock gesprungen, weil sie nie geliebt wurde. Bitte! Kann mich jemand hören? Nur

Gott. Ich will beten. Und ich habe ihnen gegeben die Herrlichkeit, die Du mir gegeben hast, dass sie eins seien, gleichwie wir eins sind; ich in ihnen und Du in mir, auf dass sie vollkommen seien in eins und die Welt erkenne, dass Du mich gesandt hast und sie liebest, gleichwie Du mich. Vater, ich will, dass, wo ich bin, auch die bei mir sind, die Du mir gegeben hast, dass sie meine Herrlichkeit sehen, die Du mir gegeben hast; denn Du hast mich geliebt, ehe denn die Welt gegründet ward. Gerechter Vater, die Welt kennt Dich nicht; ich aber kenne Dich. Diese Worte sind von Jesus Christus selbst. Der für unsere Sünden gestorben ist, für uns geblutet hat, und wie viel Sünden sind auf dieser Welt verübt worden seit über zweitausend Jahren? Ist Er auch für sie gestorben? Bitte. Rette meine Tochter. Sofort, aus ihrem Schlaf! BITTE!

Das Piepsen kommt zurück. Herzschlag.

ADA Dank Dir, Gott im Himmel. Du hast Dich dieser Sache angenommen. In dieser Welt habe ich Deine gnadenvolle Hand gespürt. Ich danke Dir!

Bathsheba erscheint wieder in der Tür.

ADA Bathsheba!

BATHSHEBA Mutter!

ADA Noch ein Wunder!

BATHSHEBA Gar kein Wunder. Da stand ein Wagen voller Daunenkissen.

ADA Wie definierst du Wunder?

BATHSHEBA Als Handlung Gottes.

ADA Wer, meinst du, hat den Wagen da hingestellt? Gott allein.

BATHSHEBA Gar kein Wunder.

ADA Als was bezeichnest du einen Wagen voller Daunenkissen, der vor dem Krankenhaus parkt, aus dem du gesprungen bist?

BATHSHEBA Als Unglück.

ADA Unglück? Das ist das größte Glück, von dem ich je gehört habe, außer damals, als dein Vater einen Stich nach dem andern machte, als er mich als Sklavin verzocken wollte.

BATHSHEBA Es ist das allergrößte Unglück.

ADA Aber du bist wieder auf der Welt! Du bist zurück auf Gottes Erde, die Er gemacht hat, damit du darauf wandelst!

BATHSHEBA Ich habe versucht zu sterben, aber kann es nicht. Ich bleibe auf dieser Erde hängen für den Rest dieses beschissenen Lebens.

Sie starren einander an. Die Musik schwillt an. Das Licht geht langsam aus.

Gute Nacht, Damen! gute Nacht, süße Damen!
gute Nacht! gute Nacht!

4. Szene

Das Apartment in der Upper West Side. Das Zimmer ist schick eingerichtet. Ophelia hat ihr bestes Kleid an, die Kerzen sind schon fast abgebrannt, ein weißes Tischtuch. Ihre Frisur ist anders. Sie steckt sich eine Zigarette an einer anderen an.

OPHELIA Dein Vater kommt einfach zu spät, mehr nicht. Er ist nicht pünktlich, so ist er eben. Wir sind alle, wie wir sind, und er ist eben so. Du wirst sein wie du. Du wirst deine eigene Art haben. Seine Art ist es, zu spät zu kommen, aber er wird noch kommen, und du wirst seine Stimme hören. Aus allen Stimmen wirst du die Stimme deines Vaters heraushören. Rauchig und tief, wie dunkles Gewässer. Er kommt halt fünf Stunden zu spät. Mit Blick auf die Menschheitsgeschichte ist das nichts, mit Blick auf die Zeit des gesamten Universums sogar noch weniger. Nicht einmal ein Lidschlag. Du hast deine Lider noch nicht geöffnet, brauchst es noch nicht, um dich ist es dunkel, sehr bald wirst du deine Augen öffnen und das Leben kennenlernen, wie es ist. Nicht länger im Dunkeln. Du wirst sehen, wie alles aussieht. Du wirst mein Gesicht kennen. Besser als alle anderen, denn du hast nur eine Mutter. Ich weiß, du hast gewartet. Du hast so lange gewartet, doch nicht mehr lange, und du wirst mit uns allen auf der Welt sein. Niemand weiß, wie dein Leben sein wird. Es könnte so schön sein. Weißt du das nicht? Du könntest Gottes Stimme in dir tragen, du könntest den Verlauf der Menschheitsgeschichte ändern. Ich nicht. Für mich ist es zu spät. Ich bin schon zu alt und außerdem nichts Besonderes. Überhaupt nichts Besonderes. Ich habe Angst, dass dein Leben ähnlich verlaufen könnte. Vielleicht wird es überhaupt nicht außergewöhnlich sein, außer für dich. Das ist auch okay. Du wartest, und du wartest, und du wartest. Es passiert nicht viel. Und was ist das für ein Warten? Auf deinen Vater. Fünf Stunden zu spät. Das ist zwar viel Zeit in Anbetracht des Verlaufs eines Tages, aber im Verlauf des Universums hat das niemand bemerkt. Kein einziger Fluss hat es bemerkt, kein Stein, kein Baum. Niemand hat gehört, dass überhaupt Zeit vergangen ist.

Es klopft an der Tür.

OPHELIA Das muss er sein. Wie sehe ich aus? Weißt du nicht. Wie klinge ich? Wie ich. Ich komme! Ich komme! Höre genau auf seine Stimme. Wie dunkles Gewässer. Du hast nur einen Vater. Ich komme!

Sie macht sich zurecht. Sie öffnet die Tür mit einem breiten Lächeln, davor steht Ada. Ada kommt herein, nimmt weder Notiz von dem Lächeln noch von dem Kleid oder der Frisur oder von irgendetwas. Ada zieht ihren Mantel aus und lässt ihn auf den Boden fallen.

ADA Ich habe meinen Schlüssel verloren, ich kann ihn nirgends finden. Ich habe in meinen Scheißstrümpfen gewühlt, ich habe überall gesucht.

OPHELIA Mutter! Ich habe dir gesagt, ich habe heute Abend ein Date und du kannst nicht nach Hause kommen.

ADA Ich habe im Papierkorb gesucht, im Aufenthaltsraum, in der Maske. Überall habe ich gesucht, kein Schlüssel.

OPHELIA Du hörst nicht zu!

ADA Was hast du so Wichtiges zu sagen?

OPHELIA Heute Abend bin ich privat. Heute Abend habe ich ein Date.

ADA Ist die Zeit für Dates nicht längst vorbei?

OPHELIA Sie hat noch gar nicht angefangen.

ADA Er hat sich nicht blicken lassen.

OPHELIA Er hat sich *bisher* nicht blicken lassen.

ADA Bisher? Er ist ungefähr sechs Stunden zu spät.

OPHELIA Fünfeinhalb! Und das ist nichts mit Blick auf die Menschheitsgeschichte!

ADA Nein. Du hast Recht. Mit Blick auf die Menschheitsgeschichte ist das nichts. Aber ich glaube, man kann mit Sicherheit sagen, er hat dich ordentlich versetzt. *Setzt sich mit großer Geste hin.*

OPHELIA Setz dich nicht hin, und mach es dir nicht bequem. J. Eddie wird jede Minute hier sein!

ADA Wenn er kommt, gehe ich, aber bis dahin sitze ich. Oh Gott, hatte ich einen Tag. *Stille. Ada wartet auf die Frage.* Willst du nicht wissen, wie mein Tag war?

OPHELIA Nein. Es interessiert mich nicht im Geringsten, wie dein Tag war. Genau wie alle anderen. Entführungen durch Außerirdische, Kidnapping, gestohlene Stammzellen, wen interessiert dieser Scheiß?

ADA Du hattest Recht.

OPHELIA Womit?

ADA Da war tatsächlich ein Wagen mit Daunenkissen. Bathsheba ist gesprungen, konnte aber nicht sterben.

OPHELIA Natürlich war da ein Wagen mit Daunenkissen!

ADA Und deine Schwester ist aus dem Fenster gesprungen, konnte aber nicht sterben.

OPHELIA Sie ist nicht meine Schwester, und in dieser Serie stirbt nie jemand.

ADA Das stimmt nicht ganz.

OPHELIA Wer ist gestorben? Dein Bruder, der aus dem Raumschiff gefallen ist? Nicht mal der. Onkel Larry, den sie mit Ketten beschwert in den Fluss geworfen haben? Nein warte, sein Großvater hatte ihm beigebracht, wie man in guten alten Zeiten Schlösser geknackt hat. Oder als man dir aus nächster Nähe ins Gesicht geschossen hat? Huch, vorbeigeschossen an sämtlichen lebenswichtigen Organen, einschließlich deines Scheißgehirns. Deine arme, verfluchte, böse, total ungeliebte Tochter will ihrem Leben endlich ein Ende setzen und findet keine Ruhe. Ein Scheißwagen mit Daunenkissen, wie ich vorhin gesagt hatte.

ADA Ich werde sterben.

OPHELIA Es geht dir gut. Du wirst mich überleben, wegen meiner Raucherei, vier Schachteln am Tag, und wegen dieser unerträglichen Warterei auf den Vater meines Kindes.

ADA Nein. In der Serie.

OPHELIA Du wirst mich eines Tages beerdigen.

ADA Sie lassen mich sterben in der *Serie.*

OPHELIA Was?

ADA Sie lassen mich sterben. Sie lassen mich sterben! SIE LASSEN MICH STERBEN!!!

OPHELIA Beruhige dich, Mutter.

ADA Ist hier jemand unruhig?

OPHELIA Du.

ADA *richtet ihre Frisur, bringt sich in Ordnung.* Das ist gut. Ich kann ohnehin eine kleine Pause vertragen.

OPHELIA Eine kleine Pause wird dir guttun.

ADA Sie holen mich wieder zurück.

OPHELIA Das müssen sie.

ADA Ja. Ja. Jetzt weiß ich, was passieren wird. Ich werde einfach wieder zurückkehren. Auferstanden von den Toten! Vielleicht in sechs Monaten. Irgendwo in den Tropen. Braun gebrannt werde ich zurückkehren. Ich werde eine Fremdsprache sprechen. Ich werde mir einen stummen Liebhaber genommen haben, und die einzige Sprache, die wir beherrschen, ist die Sprache der Liebe. Ja, so ist es gut.

OPHELIA Mutter.

ADA Was werden sie sich wohl ausdenken? Entführt und gefesselt in Indochina?

OPHELIA Ich weiß es nicht.

ADA Vielleicht werde ich auch lebendig begraben? Das gehört zu meinen Favoriten.

OPHELIA Ja, lebendig begraben ist gut.

ADA Das ist mit das Beste! Wenn nicht das Beste überhaupt. In der Serie stirbt nie jemand. Nicht wie im Leben. Wo alles immer im Sterben begriffen ist. Außer deinem Kind.

OPHELIA Sie ist das Einzige, was noch nicht stirbt.

ADA Aber bald.

OPHELIA Schon bald wird auch sie sterben.

ADA Schon bald. Aber in der Serie …

OPHELIA Stirbt nie jemand.

ADA Sie schicken mich einfach für sechs Monate weg. Ich könnte die Pause gut vertragen.

OPHELIA Ich weiß, Mutter.

ADA Ich bin so müde.

OPHELIA Ich weiß. Ich glaube, das ist jeder, der lebt.

ADA Ich mache bloß ein wenig die Augen zu. Falls deine unerwiderte Liebe auftaucht, gehe ich woandershin. Aber zuerst brauche ich dringend eine kleine Pause.

OPHELIA Okay, Mutter.

ADA Singst du mir etwas vor? So wie ich es für dich getan habe?

OPHELIA Du hast mich noch nie darum gebeten, zu singen.

ADA Ich bitte dich jetzt. Singst du? Nur bis ich einschlafe. Es dauert nicht lange. Versprochen. Versprochen, es dauert nicht lang.

OPHELIA Natürlich singe ich dir etwas vor.

Sie singt. Währenddessen schläft Ada ein.

OPHELIA Guten Abend, gute Nacht
Mit Rosen bedacht, mit Näglein besteckt,
Schlupf unter die Deck'.
Morgen früh, wenn Gott will,
wirst du wieder geweckt,
Morgen früh, wenn Gott will, wirst du wieder geweckt.

Ada ist eingeschlafen. Ophelia legt eine Decke über ihre schlafende Mutter.

OPHELIA Hast du gehört, wie ich gesungen habe? So klingt meine Stimme beim Singen. Hat es dir gefallen? Sobald du draußen bist, wirst du Singen lernen. Und Laufen und Sprechen und Singen. Vielleicht hast du die allerschönste Stimme. Vielleicht hast du eine Stimme, die Männern das Herz bricht. Niemand weiß das. Niemand weiß, was du sein könntest.

Das Licht geht aus.

Zeigt nicht, wie heilvergess'ne Pred'ger tun,
Den steilen Dornenweg zum Himmel andern.

5. Szene

Himmel. Alles weiß. Ada wacht auf. Ihr ungeborenes Enkelkind ist da, auch in Weiß.

ADA Wo bin ich?

UNGEBORENES KIND Himmel.

ADA Bin ich schon tot?

UNGEBORENES KIND Noch nicht ganz.

ADA Wer bin ich?

UNGEBORENES KIND Du lebst zwei Leben gleichzeitig. Als du selbst und als eine andere.

ADA Wer bist du?

UNGEBORENES KIND Ich bin dein ungeborenes Enkelkind. Ich habe fast neun Monate darauf gewartet, auf die Welt zu kommen.

ADA Das war ein langes Warten.

UNGEBORENES KIND Nicht mit Blick auf die Menschheitsgeschichte.

ADA Nein, du hast Recht. Mit Blick auf die Menschheitsgeschichte ist das nichts.

UNGEBORENES KIND Und bald werde ich mit allen anderen gesegneten Kreaturen auf der Erde herumlaufen.

ADA Mach dir keine allzu großen Hoffnungen. So toll ist das auch wieder nicht.

UNGEBORENES KIND Ich habe gehört, wie alles klingt. Die Gespräche und die Musik und die einparkenden Autos, die Gebete und das Fernsehen und die Hunde und das Lachen, das Weinen und Schreien, die Küsse und die Abschiede.

ADA Das klingt alles besser, als es in Wahrheit ist.

UNGEBORENES KIND Ich werde sprechen und singen und beten und lachen und weinen und schreien und küssen und alles sagen, was ich sagen muss.

ADA Du wirst das sagen, was alle sagen. Du wirst über das

Wetter reden oder so. Du wirst nicht das sagen, was du fühlst.

UNGEBORENES KIND Ich werde jede Regung und jeden Takt meines Herzens beschreiben.

ADA Bereite dich auf Enttäuschungen vor, mehr sage ich nicht.

UNGEBORENES KIND Nein.

ADA Es ist besser da, wo du bist. Als eine Möglichkeit.

UNGEBORENES KIND Nein!

ADA Weißt du, das ist besser als etwas Wirkliches. Es ist besser, die Erde gar nicht erst zu berühren.

UNGEBORENES KIND *bekommt einen Wutanfall.* Nein, nein, nein, nein, nein, nein, nein, nein!

ADA Alles ist so viel besser in deinem eigenen Kopf.

UNGEBORENES KIND Das hier ist alles in deinem Kopf.

ADA Aber ich bin doch da.

UNGEBORENES KIND Nein, du schläfst noch.

ADA Ich dachte, ich wäre im Himmel und bekomme eine Vorschau auf all meine guten Taten.

UNGEBORENES KIND Und was hast du gut gemacht?

ADA Also, ich bin die berühmteste Schauspielerin in der Geschichte der Vorabendserien.

UNGEBORENES KIND Aha, dann möchte ich jetzt lieber mit Mahatma Ghandi reden.

ADA Das interessiert dich also nicht?

UNGEBORENES KIND Nicht interessieren ist die größte Untertreibung aller Zeiten. Das ist nichts.

ADA Was ist etwas?

UNGEBORENES KIND Andere Menschen heilen. Seine Nächsten lieben.

ADA In so was bin ich nicht sehr gut. Ich bin viel besser in Gedächtnisverlust oder Komaanfällen.

UNGEBORENES KIND Du weißt nicht, wie man lebt.

ADA Das hat mir nie jemand beigebracht.

UNGEBORENES KIND Du musst dein Leben ändern.

ADA Mir gefällt es hier nicht.

UNGEBORENES KIND Du musst dein Leben ändern.

ADA Ich will jetzt gehen. Zurück zur Erde. Oder raus aus meinem Kopf. Woandershin. Bitte.

UNGEBORENES KIND Ich beobachte die Menschen, höre ihnen zu. Und sie wissen nicht, wie kurz es ist.

ADA Nein, das wissen wir nicht.

UNGEBORENES KIND Ich werde nicht eine Sekunde meines Lebens vergeuden.

ADA Wart's ab, und dann sprechen wir uns wieder.

UNGEBORENES KIND Keine einzige Sekunde.

ADA Es tut mir leid, diejenige zu sein, die dir das sagen muss. Aber du irrst dich.

UNGEBORENES KIND Ich werde jede Sekunde spüren, die vergeht.

ADA Wirst du nicht.

UNGEBORENES KIND Ich werde den Wind spüren und jeden Atemzug und jeden Herzschlag zählen.

ADA Du wirst auch nur versuchen, von einer Stunde zur nächsten zu kommen.

UNGEBORENES KIND Ich könnte alles werden!

ADA Die Betonung liegt hier auf könnte. Könnte. Aber wenn du auf die Welt kommst, wirst du sein wie alle anderen. Die Minuten zählen. Darauf warten, dass sie vorbei sind.

UNGEBORENES KIND Warum wird man dann überhaupt geboren?

ADA Das habe ich nie rausgefunden.

UNGEBORENES KIND *bekommt einen Wutanfall.* Nein, nein, nein, nein, nein, nein, nein!

ADA Es tut mir leid, diejenige zu sein, die dir das sagen muss. Es gibt wenige glückliche Augenblicke. Zwischen allem Übrigen.

UNGEBORENES KIND Nur wenige.
ADA Zwischen allem Übrigen.
UNGEBORENES KIND Dann will ich nicht geboren werden. Ich will eine Möglichkeit bleiben.
ADA Ich fürchte, das entscheidest nicht du. Neun Monate und – Bums, hast du deinen Auftritt.
UNGEBORENES KIND Ist es wenigstens ein großer Auftritt?
ADA Ein Auftritt wird es schon sein. Mit Schreien und Blut überall.
UNGEBORENES KIND Und das Licht?
ADA Zuerst tut es weh, aber dann gewöhnst du dich daran.
UNGEBORENES KIND Und du wirst mich in den Arm nehmen?
ADA Ich werde dich in den Arm nehmen.
UNGEBORENES KIND Und dann wirst du auf mich aufpassen beim Aufwachsen?
ADA Ich werde auf dich aufpassen beim Aufwachsen. Und mit jeder Sekunde werden die Möglichkeiten weniger. Dann bist du älter, hast dein Leben hinter dir, und es bleibt nichts übrig außer Reue.
UNGEBORENES KIND *legt den bisher größten Wutanfall hin.* Nein, nein, nein, nein, NEIN, NEIN, NEIN, NEIN, NEIN, NEIN!!!!
ADA Es tut mir leid, diejenige zu sein, die dir das sagen muss.
UNGEBORENES KIND Besser du als irgendjemand anderer. Meine Großmutter.
ADA Du würdest es sowieso selbst herausfinden. Also, wer geht zuerst?
UNGEBORENES KIND Du. Du musst aufwachen.
ADA Ich will nicht gehen. Noch nicht. Nicht dahin zurück.
UNGEBORENES KIND Ich muss noch ein bisschen warten.
ADA Ich hasse die Erde.
UNGEBORENES KIND Wirst du warten?
ADA Ich hasse die Wirklichkeit.

UNGEBORENES KIND Und wirst du auf mich warten?
ADA Ja, ja. Ich werde warten.
UNGEBORENES KIND Danke. Es ist so schön, erwartet zu werden.
ADA Bitte. Zwing mich nicht zurückzugehen.
UNGEBORENES KIND Wach auf.
ADA Ich hasse die Stunden.
UNGEBORENES KIND Wach auf.
ADA Noch nicht.
UNGEBORENES KIND Wach auf.
Dunkel.

Da ist Vergißmeinnicht, das ist zum Andenken: ich bitte Euch, liebes Herz, gedenkt meiner! Und da ist Rosmarin, das ist für die Treue.
Ein Sinnspruch im Wahnsinn: Treue und Andenken bezeichnet.

6. Szene

Das Apartment. Ada schläft im Sessel. Am nächsten Morgen. Ophelia raucht, sie trägt einen großen Ring am Ringfinger. Ein Laster parkt ein, Piep-piep-piep.

OPHELIA Das ist wahrscheinlich ein Lieferwagen, der am Morgen Brötchen und Croissants bringt. Was ist ein Morgen, fragst du? Ausgezeichnete Frage. Die Menschen haben beschlossen, diese Tageszeit so zu nennen. Wenn die Sonne aufgeht oder wenn sich die Erde gedreht hat, sodass wir sie sehen können. Überall in diesem Teil des Landes, in diesem Teil der Welt, wachen die Menschen auf zu einem neuen Tag. Das tun sie gerade. Sie vergewissern sich, dass alles noch so da ist, wie sie es am Abend zuvor zurückgelassen haben. Ich habe dir heute schon so viele Wörter genannt: der Morgen, die Sonne, die Erde, das Aufwachen, die Zeit. Und du wirst lernen, was sie bedeuten, und du wirst jedes Ding beim Namen nennen können. Es ist für alles gesorgt, für dich. Alles, was du siehst, und alles, was du fühlst, hat schon einen Namen. Es gibt keine Stelle auf der Erde, die keinen Namen hat, und kein Gefühl, das nicht schon Millionen gefühlt haben. Ob das traurig ist? Vielleicht. Aber du wirst es fühlen, auch du wirst an den Punkt kommen. Aber komme nie nach Detroit. Das ist ein Rat, den mir mal jemand hätte geben sollen. Noch ein Rat. Fang nicht an zu rauchen. Schreckliche Angewohnheit. Ekelhaft. Die Leute schauen dich an wie einen Aussätzigen. Und wenn du ein Date hast, und er sagt »Genitalherpes«, dann geh weg. Egal, ob du gerade mitten bei deiner Thunfischpizza bist, wenn er Genitalherpes sagt, gehst du. Es gibt so viele Dinge, vor denen ich dich gerne bewahren möchte. Aber du wirst es allein herausfinden. Komm, jetzt wecken wir deine Großmutter. Das hier ist meine Stimme. Ich bin sicher, du hast dich inzwischen an sie gewöhnt, machen wir uns bereit für eine andere. Erinnerst du dich an diese tiefere Stimme? Das war dein Vater. Als ich ihm zum ersten Mal begegnet bin, hat er mir eine Zigarette angeboten und gesagt, »Hübscher Haarschnitt«, ziemlich spöttisch. Wir waren noch Kinder. Was haben wir uns nicht alles an den Kopf geworfen, er und ich. Aber jetzt ist er weg. Und diese nächste Stimme ist die deiner Großmutter. Bist du bereit für eine andere Stimme? Vielleicht sind zwei Stimmen auf einmal etwas irritierend, aber vergiss nicht, das hier ist meine und die andere ist ihre. Jeder hat eine Mutter, und das hier ist die Stimme deiner Mutter. Und ich wecke jetzt meine auf. Zeit, aufzuwachen. Mutter? Zeit, einen neuen Tag durchzustehen. *Sie stupst Ada an.* Guten Morgen, Mutter.

ADA Guten Morgen.

OPHELIA Sag Ada guten Morgen.

ADA Ich bin doch Ada, wieso soll ich mir selbst guten Morgen sagen? *Sie spricht mit sich selbst.* Guten Morgen. Danke. Bitte. Ich bin ja schizophren, wenn ich so rede.

OPHELIA Nein. Mit deiner Enkelin.

ADA Du hast ihr einen Namen gegeben.

OPHELIA Ja.

ADA Du hast sie nach mir benannt.

OPHELIA Ich habe sie nach dir benannt, Mutter, damit etwas in der Welt bleibt, wenn du stirbst.

ADA *spricht mit Ophelias Bauch.* Guten Morgen, Ada.

OPHELIA Sie strampelt. Ich glaube, sie erkennt ihren Namen.

ADA Guten Morgen, Kleine. Noch etwas auf dieser Welt hat jetzt einen Namen.

OPHELIA Fühl mal, Mutter. Sie sagt auch guten Morgen.

ADA *fühlt an Ophelias Bauch.* Gottogott. Starkes kleines Mädchen. Wie ein Fußballer von den Detroit Lions.

OPHELIA Sie kommt nach ihrem Vater.

ADA Sie hat keinen Vater, sie ist ein vaterloses Kind, wie du.

OPHELIA Bemerkst du irgendeine Veränderung?

Sie streckt ihre Hand vor. Ada schaut sich um.

ADA Nein. Dieselbe alte Scheiße, anderes Klo. Nein. Nicht mal ein anderes Klo. Dasselbe Klo.

OPHELIA Meine Hand.

ADA Was ist mit deiner Hand?

OPHELIA Da ist etwas dran.

ADA Das will ich meinen. Du hast Dreck unter den Fingernägeln, ich hab dir das nicht beigebracht. Du solltest sie sauber machen, das ist ekelhaft. Ich hasse nichts mehr als ungepflegte Fingernägel!

OPHELIA Nein, Mutter. An meinem Finger. Guck noch mal hin.

ADA Ein Ring.

OPHELIA Ein Ring.

ADA Woher, hast du ihn geklaut?

OPHELIA Nein, ich habe ihn nicht geklaut. J. Eddie ist vorbeigekommen, er selbst hat ihn mir an den Finger gesteckt.

ADA Wann?

OPHELIA Als du geschlafen hast. Er ist vorbeigekommen, und es tat ihm so leid, dass er zu spät war.

ADA Er war ungefähr sieben Stunden oder noch länger zu spät.

OPHELIA Mutter, sein Freund, sein Freund war im Krankenhaus. Er musste ihm beistehen. Er lag im Koma.

ADA Da hast du es!

OPHELIA Gut, es gibt Menschen im Koma in der wirklichen Welt. J. Eddie musste ihm beistehen. Aber dann ist J. Eddie vorbeigekommen, während du geschlafen hast. Es tat ihm so leid, dass er notgedrungen aufgehalten worden ist. Er hat meinen Namen gesagt. Wir haben dem Kind einen Namen gegeben. Und danach hat er mich geküsst.

ADA Mit Zunge?

OPHELIA Mit Zunge und Fingern überall.

ADA Natürlich, während ich hier in diesem Sessel schlafe, nimmt er sich solche Freiheiten heraus mit Zunge und Fingern überall.

OPHELIA Mutter, er hat sich vor mich hingekniet.

ADA Hat er gebetet?

OPHELIA Nein.

ADA Ihm war schwindlig.

OPHELIA Nein.

ADA Er hat seinen Schlüssel fallen gelassen. *Ada schaut sich auf dem Boden um und findet ihren Schlüssel.* Ich habe meinen Schlüssel gefunden!

OPHELIA Er hat seinen Schlüssel nicht fallen gelassen.

ADA Ein kleines Wunder. Was ist ein Wunder? Eine Handlung Gottes. Das hier ist zwar ein kleines Wunder, aber immerhin ein Wunder.

OPHELIA Hör auf mit deinem Scheißschlüssel! Was, glaubst du, hat er auf seinen Knien gemacht?

ADA *denkt darüber nach.* Ich komm nicht drauf, sag es mir.

OPHELIA Er hat um meine Hand angehalten!

ADA Deine?

OPHELIA Meine.

ADA Er ist nicht gut genug für dich, ich werde es nicht erlauben.

OPHELIA Ob du es erlaubst oder nicht, ich habe bereits ja gesagt.

ADA Du hast bereits ja gesagt? Ohne mich um Rat zu fragen.

OPHELIA Ich kannte meine Antwort.

ADA Und wie kommt er dazu, mich nicht um Erlaubnis zu bitten?

OPHELIA Mutter, ich habe ja gesagt.

ADA Ich konnte ihn nie leiden, von Anfang an nicht. Wer ist er denn, gibt dir Zigaretten und meckert an deinem Haarschnitt herum! Mit solchen Geheimratsecken hat er keine Berechtigung, über deinen Haarschnitt zu meckern!

OPHELIA Ich habe ja gesagt.

ADA Der übelste Haarschnitt, den ich je auf einem menschlichen Kopf gesehen habe, ist sein Haarschnitt.

OPHELIA Nächste Woche. Freitag.

ADA Baby, du weißt, ich arbeite am Freitag. Das ist unmöglich, vielleicht am Wochenende.

OPHELIA Mutter, du arbeitest am Freitag nicht.

ADA Ich arbeite freitags immer. Gewöhnlich mit Überstunden. Wir müssen das verlegen. Der Zeitplan ist unmöglich. Aber wir könnten es in ein paar Wochen machen. Der blinde Thomas gewinnt sein Augenlicht zurück, und es ist tatsächlich wahnsinnig traurig, weil ihm die Welt nicht gefällt und er eine sehr lange Klage darüber erhebt, dass alles in der Welt in seiner Vorstellung besser ist.

OPHELIA Mutter, du hörst nicht zu.

ADA Hol meinen Produzenten ans Telefon!

OPHELIA Sie können dich zurückholen. Es gibt immer eine Möglichkeit für eine Rückkehr.

ADA Nein. Es gibt so einen Paragraphen. Wenn die Einschaltquote zu gering ist, können sie mich sterben lassen. Für immer. Die Profitmargen. Die Werbeeinnahmen.

OPHELIA Und das genügt?

ADA Das war's. *Sie holt ihren Text heraus.* Hier sind die Seiten für meine Sterbeszene. *Ada wirft die Blätter auf den Boden, wo sie verstreut liegen bleiben.* Baby!

OPHELIA Das tut mir leid.

ADA Ich bin 27 Jahre lang in der Serie gewesen. Sie können mich nicht einfach rauswerfen und sagen, das war's.

OPHELIA Sie wollen neue Stimmen. Frisches Blut. Du bist alt geworden.

ADA Ich bin alt geworden, das ist nicht meine Schuld. Ich muss doch Rechte haben.

OPHELIA Mutter, du fängst wieder an.

ADA Ich kann verhandeln. Weniger Geld nehmen.

OPHELIA Mutter, du fängst schon wieder an.

ADA Ja, ich spreche selbst mit ihm. Wahrscheinlich geht es um eine Gagenkürzung. Ich bin der Star, und ich verdiene natürlich mehr als sonst jemand. Das ist nur eine Einschüchterungstaktik, damit ich mit der Gage runtergehe. Das ist gut. Die wollen mit harten Bandagen kämpfen? Ich kann mit harten Bandagen kämpfen. Ich kenne meine Rechte. Hol ihn ans Telefon!

OPHELIA OKAY! *Ophelia wählt die Nummer.* Hallo? Hier ist Ophelia. Hier ist meine Mutter für Sie.

ADA *lässt sich Zeit, räuspert sich, dann ist sie dran.* Saul? Ada. Jetzt.

Lass uns übers Geschäft reden, ja? Ich habe gelebt und geatmet, um Emily Posten zu sein, um über die Posten Family zu wachen, durch alle Hochs und Tiefs usw., usw. Ich musste diese Texte sprechen. Diese Szenen spielen. Dabei zuschauen, wie die, die ich liebe, sterben und wieder zurückgeholt werden. *Sie hört zu.* Lass uns darüber verhandeln, Saul. Was ich gestern gesagt habe, war aus Wut, und ich entschuldige mich. Okay, gut. Ich komme als Gespenst zurück. Ich komme als blinde Obdachlose zurück. Du sprichst von Profitmargen. Ich spreche von menschlichen Beziehungen. Bitte, Saul. Das hier ist mein Leben. BITTE!!! *Sie hört zu und legt schließlich leise auf.* Es gibt keine Hoffnung auf eine Rückkehr.

OPHELIA Diesmal nicht. Keine Hoffnung auf Rückkehr.

ADA Was mache ich jetzt?

OPHELIA Jetzt wirst du so leben wie alle. Du wirst die Worte sagen, die du auch fühlst.

ADA Aber ich hasse die Welt. Ich hasse es, Gespräche zu führen. Ich hasse es, mein eigenes Leben zu führen. Ich brauche eine Rolle. Ich kann nur leben mit den Worten von anderen. Niemals mit meinen eigenen.

OPHELIA Du wirst es lernen.

ADA Die Umstände können noch so lächerlich sein. Ich kann sie glaubhaft machen.

OPHELIA Unsere Umstände sind das hier.

ADA Aber das Leben ist langweilig.

OPHELIA Nein.

ADA Nichts passiert.

OPHELIA Es passiert viel, Mutter, du kriegst es nur nicht mit.

ADA Was gibt es denn da mitzukriegen? Die Leute reden und reden, und was haben sie zu sagen?

OPHELIA Während du redest, werden Menschen geboren. Sterben Menschen. Verlieben sich Menschen.

ADA Aber ich verliebe mich nicht, was gehen sie mich an?

OPHELIA Menschen werden verrückt, umarmen sich, küssen, weinen, lachen, sterben, es werden Leben gelebt, Mutter: Menschen werden älter. In derselben Geschwindigkeit wie du.

ADA Muss ich sterben?

OPHELIA Musst du wohl.

ADA Ich kann das nicht! Unmöglich! Ich gehe einfach nicht hin. Wenn ich nicht da bin, kann ich nicht sterben! Zwing mich nicht dazu. Bitte. Sag ihnen, morgen vielleicht. ICH KANN HEUTE NICHT STERBEN!

OPHELIA DU MUSST HEUTE STERBEN! Also, ich lese die Szene, Mutter. Wir gehen sie durch.

ADA Wie soll ich lernen, wie man stirbt, wenn alle, die ich kenne, noch am Leben sind?

OPHELIA Das lernst du wie jeder andere, indem du stirbst.

ADA Man muss es nur ein einziges Mal lernen.

OPHELIA Nur einmal.

ADA Ist es etwas Schönes, Ophelia?

OPHELIA Es ist etwas Schönes.

ADA Eine Szene noch.

OPHELIA Eine noch.

ADA Daran ist jetzt nichts mehr zu ändern. Nur noch meine letzten Sätze lernen. Die Szene spielen. Meine Garderobe ausräumen. Lebewohl sagen. Vorsichtig, ohne zu viel Emotion. Nicht Lebewohl für immer. Nur bis später. Oder: bis zum nächsten Mal. Ja. Bis zum nächsten Mal, als ob es noch ein nächstes Mal gäbe.

OPHELIA Mutter.

ADA Meine einzige Tochter. Freude meines Herzens. Vermutlich musste es dazu kommen.

OPHELIA Wir bereiten dich jetzt gut darauf vor. Alles, was beginnt, endet. Jede Silbe. Jedes Herz. Jedes Licht. Alles.

ADA Ich will mich vorbereiten. *Sie dreht auf.* Jetzt. Endlich. Ich bin bereit, mein Leben zu ändern. Ich bin bereit, mir das Herz brechen zu lassen, zum allerletzten Mal. *Sie blättert durch das Manuskript.* Blablablabla. Mein Text.

OPHELIA Also, Ort der Handlung ist eine ausgetrocknete Schlucht.

ADA Da war ich schon mal.

OPHELIA Das ist da, wo du dein Kind lebendig begraben hast.

ADA Schrecklich war das. Und ich habe mich deshalb immer schuldig gefühlt. Deswegen bete ich so oft und so innig. Ich versuche die Sünden meiner Jugend wiedergutzumachen.

OPHELIA Es wird Nacht, die Sterne leuchten.

ADA Das ist schon jetzt sehr schön.

OPHELIA Die Sterne sind da.

ADA Die Nachtigall singt ihr Abendlied.

OPHELIA Das steht nicht im Drehbuch.

ADA Die Nachtigall singt ihr Abendlied!

OPHELIA Gut. Die Nachtigall singt.

ADA Kein schlechter Ort zum Sterben. In der Schlucht. Unter den Sternen. Wo ich mein Kind lebendig begraben habe.

OPHELIA Du bist in der Schlucht.

ADA Ich kann es sehen.

OPHELIA Es wird Nacht.

ADA Ich bin bereit.

OPHELIA Und dann:

Blackout.

Da ist Maßlieb – ich wollte Euch ein paar Veilchen geben, aber sie welkten alle, da mein Vater starb. – Sie sagen, er nahm ein gutes Ende.

7. Szene

ADA Feuer, Feuer, Feuer, FEUER, FEUER, FEUER, FEUER! Oh, die Götter senden mir Feuer, um mich zu wärmen! Kalt ist es in dieser einsamen Schlucht. Wo bleibt das Abendlied der Nachtigall?

Die Nachtigall singt.

ADA Hier, wo ich meinen einzigen Sohn lebendig begrub. Und warum, werden Sie sich vielleicht fragen, tut eine Mutter so etwas? Die Prophezeiung. Die Prophezeiung, er würde, sobald er groß und stark geworden sei, die Ermordung seines Vaters rächen, der durch eine Natter, die ich ihm ins Bett gelegt hatte, starb. Mein erster Gatte, ich dachte, ich wüsste endlich, für wen mein Herz schlägt. Doch in unserem gemeinsamen Bett trieb er es mit meiner Schwester, halb behindert und epileptisch. Während sie schliefen, ließ ich die Schlange heraus, nichts ist giftiger, und tötete alle beide in der nackten Nacht. Und unserem Sohn, einem Baby noch, ohne Vater, wurde prophezeit, er würde, wenn er erwachsen sei, den Natterntod seines Vaters rächen. So sagten es die Auguren und die Hellseher. Ich konnte es nicht ertragen, ihn zu ersticken. Also gab ich ihn der Erde wieder, aus der er gekommen war. Ich gab ihn Dir wieder, Herr. Denn ihm blieb nichts anderes übrig, als mich zu töten, wenn er groß und stark geworden wäre. Es kann nicht lange gedauert haben, wie er da im Schmutz dieser gnadenlosen Erde atmete. Ich bete. O Herr, gib ihm und allen Verstorbenen die ewige Ruhe. Und das ewige Licht leuchte ihnen. Lasse sie ruhen in Frieden.

Harper ist da.

HARPER Amen.

ADA Harper! Du bist wieder aus deinem Koma aufgewacht.

HARPER Ich bin aus dem Koma aufgewacht. Wieder.

ADA Ich könnte weinen vor Glück. Wenn ich es noch könnte. Doch, mein Liebling, mir sind die Tränen ausgegangen. Man sagt, man weiß nie, wann sie zu Ende sind. Meine Augen sind trockener als das Flussbett hier. Trockener als diese harte Erde und trockener als Gottes Herz.

HARPER Was machst du hier in dieser einsamen Schlucht mitten in der Nacht?

ADA Ich bringe nur noch eine letzte Sache zu Ende.

HARPER Hast du Bathsheba gesehen, während ich im Koma lag?

ADA Ich habe Bathsheba gesehen und auf den Boden gespuckt, über den sie gegangen ist.

HARPER Hat sie versucht, mich zu töten, während ich im Koma lag?

ADA Sie hat es versucht, aber Gott selbst hat zu deinen Gunsten eingegriffen. Dein Haupt hat das Geschenk Seiner Berührung empfangen!

HARPER Ich habe Dinge gesehen, Mama.

ADA Was hast du gesehen, kleiner Spatz?

HARPER Ich habe gesehen, dass du Schwarz getragen hast.

ADA Das hast du gesehen?

HARPER Du hast gesagt, du wärst in Trauer um mein Leben.

ADA Das habe ich gesagt.

HARPER Ich habe gesehen, wie du eine Kerze angezündet hast.

ADA Für dein Leben. Hier ist die Kerze. *Sie holt die Kerze hervor. Sie steckt sie an.*

HARPER Mutter, du hast mich mehr geliebt, oder?

ADA Ja, Harper. Obwohl du die meiste Zeit deines Lebens immer wieder in Komas rein- und rausgefallen bist, bist du diejenige, die ich geliebt habe.

HARPER Und was ist mit deinem Sohn?

ADA Welchem Sohn?

HARPER Ich weiß von meinem Halbbruder. Dem Kind, das du in der Schlucht lebendig begraben hast.

ADA Aber niemand weiß davon!

HARPER Ich habe es gesehen, während ich schlief. Er kam im Schlaf zu mir und bat mich, ihm das Leben zu retten.

ADA Dazu ist es zu spät, mein Liebling, viel zu spät, denn sein Leben ist schon lange vorbei. Hier ist sein winziges Grab, nur an diesem einsamen Stein zu erkennen.

HARPER Also, Mama, Bathsheba hat das Postamt in die Luft gesprengt, 22 Geiseln genommen und fordert ein Flugzeug nach Venezuela.

ADA Warum Venezuela?

HARPER Die haben kein Auslieferungsabkommen mit den Vereinigten Staaten.

ADA Wie habe ich das vergessen können?

HARPER Sie wird nicht ruhen, bis ich tot bin.

ADA Dann müssen wir uns selbst um sie kümmern.

HARPER Um sie kümmern?

ADA Wir müssen sie töten. Ich lasse die Natter wieder los!

HARPER Aber sie ist meine Zwillingsschwester!

ADA Zwillingsschwester hin oder her, sie will dein Blut. Du musst gar nichts tun, mein Liebling, außer wach zu bleiben, nicht ins Koma zu fallen, und ich kümmere mich um den Rest. Meine Hände sind ans Töten gewöhnt. Man kann so viel mit zwei Händen machen. Man kann Leuten die Hand geben, man kann diejenigen, die man liebt, ganz stark und fest drücken, und man kann das Leben eines anderen beenden, es ist nicht schwer, wir sind so zerbrechlich, einfach drücken, bis der Atem aus dem Körper entwichen ist. Wir sind zerbrechliche Geschöpfe, Harper. Du möchtest gern glauben, dass wir stärker sind, als wir tatsächlich sind. Dass unser Körper uns vor den Pfeilen und Schleudern des wütenden Geschicks bewahrt. Aber die Haut. Das größte Körperorgan. Die Haut ist so zart. So durchlässig. Ich hätte die Beine deiner Schwester zusammenbinden und sie in den Bergen zurücklassen sollen, als sie noch ein Baby war. Das wäre so viel einfacher gewesen. Ich habe meine Hände für so vieles gebraucht. Ich werde sie dazu brauchen, den Atem aus ihrer Lunge und das Licht aus ihrer Seele zu pressen.

Harper applaudiert.

ADA Wem applaudierst du, Liebling? Haben dir meine Worte gefallen?

BATHSHEBA Harper ist tot. Ich bin Bathsheba. *Sie reißt sich ihre Perücke herunter.* Du hast mich nicht erkannt, Mutter. Und siehst du das an meinen Händen? Das ist Harpers Blut. Ich habe sie ausgeweidet, und ich habe mir dafür Zeit gelassen. Sie hat gewimmert, sie hat gebettelt und gefleht. Schau. *Sie zieht Harpers Leiche auf die Bühne, eine Puppe.* Siehst du? Das ist alles, was von deiner Lieblingstochter übrig geblieben ist.

ADA Ich werde mit deinem Bewährungshelfer sprechen.

BATHSHEBA Oh. Den habe ich auch umgebracht.

ADA Ich wünschte, du wärest nie geboren!

BATHSHEBA Ich habe mich angezogen wie sie und gesprochen wie sie mit ihrer albernen Stimme, um mich davon zu überzeugen, dass du mich töten wolltest.

ADA Ich werde dich immer noch töten, Bathsheba. Kaum zu glauben, wozu zwei Hände imstande sind. Wo ist meine Natter?

BATHSHEBA Ich habe einen Charterflug nach Venezuela. Ich fliege heute Abend. Du wirst mich nie wieder sehen.

ADA Aber du musst büßen für das, was du getan hast.

BATHSHEBA Du willst mir etwas von Buße erzählen, wo du vor kaum zwei Minuten meinen Mord geplant hast, als du neben dem Grab meines Halbbruders gestanden hast, dessen Vater und deine epileptische Schwester du mit einer Natter getötet hast.

ADA Ich habe gesündigt. Ich weiß das. Doch meine größte Sünde war, dich zur Welt zu bringen.

BATHSHEBA *spuckt Ada an.* Ich spucke auf dich. Und ich werde nicht zurückkehren aus Venezuela, nicht zu deiner Beerdigung, zu deiner Rückkehr zur Erde, solltest du heute Abend oder an irgendeinem anderen Abend sterben. Du wirst mich nie wieder sehen! ICH VERABSCHIEDE MICH!

Sie geht. Ada bläst die Kerze aus. Sie wickelt Harpers Leiche ein.

ADA Oh, Harper! Die Freude meines Herzens ist jetzt tot. Ich werde dich begraben, mein Liebling. In dieser Erde werde ich dich selbst begraben, in dieser gnadenlosen Erde. Ich habe keine Schaufel. Keine Schaufel. Ich brauche eine Schaufel! Nein. Nein. Ich werde es mit den Händen tun. Man kann so vieles mit zwei Händen tun. Sie können die festhalten, die sie lieben. Und sie können sie begraben, wenn sie sterben. *Sie gräbt mit den Händen. Sie singt.* Nobody knows the trouble I've seen.

Ein Mann ohne Namen kommt.

ADA Nobody knows but Jesus
Nobody knows the trouble I've seen
Glory Hallelujah

Er applaudiert.

ADA Haben Sie mich erschreckt.

MANN OHNE NAMEN Das wollte ich auch. Was machst du?

ADA Ich begrabe meine Tochter, die von ihrer bösen Zwillingsschwester getötet wurde.

MANN OHNE NAMEN Brauchst du Hilfe?

ADA Das wäre toll, danke.

Er hilft mit den Händen beim Graben. Sie graben eine Zeitlang. Er pfeift beim Graben.

ADA Wie darf ich Sie nennen, Fremder?

MANN OHNE NAMEN Ich habe keinen Namen.

ADA Müssen Sie aber, jeder hat einen.

MANN OHNE NAMEN Ich nicht. Ich habe nie einen Namen bekommen.

ADA Dann sind Sie einzigartig, Fremder, denn alles andere auf dieser Erde hat einen Namen.

MANN OHNE NAMEN Meine Mutter ist nicht dazu gekommen, mir einen Namen zu geben.

ADA Das tut mir leid. Alles andere auf dieser Erde hat einen Namen, nur Sie nicht.

MANN OHNE NAMEN Nur ich nicht.

ADA Was machen Sie hier in dieser einsamen Schlucht mitten in der Nacht?

MANN OHNE NAMEN Ich musste noch was zu Ende bringen.

ADA Und was müssen Sie zu Ende bringen, in einer Schlucht neben einem ausgetrockneten Flussbett?

MANN OHNE NAMEN *zieht eine Pistole.* Ich bin dein Sohn.

ADA Sie sind nicht mein Sohn. Meinen Sohn habe ich lebendig begraben.

MANN OHNE NAMEN Lebendig – das ist die Crux bei der Sache.

ADA Was ist die Crux?

MANN OHNE NAMEN Sieh im Grab nach. SIEH IM GRAB NACH, DAS DU FÜR MICH GEMACHT HAST!

ADA *gräbt frenetisch.* Da müssten winzige Knochen sein. Wo sind die Knochen?

MANN OHNE NAMEN Ein Jäger kam vorbei auf der Suche nach Wild. Er hörte mich in der Erde weinen und grub mich aus, hatte Mitleid mit mir und zog mich auf, als sei ich sein eigenes Kind. In dieser heutigen Nacht erzählte er mir, wie er mich lebendig begraben neben dem nackten Fluss gefunden hat.

ADA Die Prophezeiung!

MANN OHNE NAMEN Du hättest beenden sollen, was du begonnen hast.

ADA Und jetzt bist du zurückgekehrt, um Rache zu nehmen.

MANN OHNE NAMEN Und jetzt bin ich gekommen.

ADA Oh weh, ihr Götter! Wie dumm ich war, wie eitel, in meinem Versuch, mein Schicksal zu ändern! Welche Blindheit! Blindheit. Das Einzige, was bleibt. *Sie reißt sich mit den Händen die Augen aus den Augenhöhlen.* Ich war so hochmütig! Ich war so hochmütig. Und jetzt nichts. Nichts. Nichts.

MANN OHNE NAMEN Sind das deine letzten Worte? Ich muss nämlich los.

ADA Noch nicht ganz. Und danke für die Geduld. Übrigens, wo musst du hin?

MANN OHNE NAMEN Das geht dich wirklich nichts an.

ADA Es interessiert mich aber.

MANN OHNE NAMEN Ich muss regelmäßig meine Pillen nehmen.

ADA Hast du sie nicht dabei?

MANN OHNE NAMEN Ich habe sie vergessen.

ADA Mit regelmäßig einzunehmenden Pillen kenne ich mich sehr gut aus. Meine Schilddrüse.

MANN OHNE NAMEN Meine Prostata.

ADA Du bist zu jung, um Prostataprobleme zu haben.

MANN OHNE NAMEN Ich bin alt genug.

ADA Es ist erstaunlich, deinen Körper dabei zu beobachten, wie er sich selbst betrügt.

MANN OHNE NAMEN Stimmt. Trotzdem, gehen wir noch mal zurück, bis da, wo ich dich töte.

ADA Richtig. Ich muss mich nur etwas auf meine letzten Worte vorbereiten. *Sie fängt an, sich mit einigen tiefen Atemzügen vorzubereiten.*

MANN OHNE NAMEN Lass es uns schnell durchziehen; ich muss meine Pillen nehmen. Und dann muss ich meinen Flieger kriegen.

ADA Wohin fliegst du?

MANN OHNE NAMEN Nach Venezuela.

ADA Nicht mit Bathsheba!

MANN OHNE NAMEN Wir lieben uns!

ADA Aber ihr seid Bruder und Schwester, das ist wider die Natur!

MANN OHNE NAMEN Wider die Natur oder nicht, wir wussten bis heute nichts von unserer Verwandtschaft.

ADA Oh, will dieser Fluch nie aufhören.

MANN OHNE NAMEN Er wird bald aufhören, lass uns jetzt weitermachen mit deinen letzten Worten.

ADA Ich brauche einen Moment zur Vorbereitung. *Sie bereitet sich vor. Atmen. Stampfen. Atmet Feuer ein, stößt es aus.* Ich bin bereit.

MANN OHNE NAMEN Jesus ist schneller gestorben als du jetzt.

ADA Und nun bin ich ans Ende meines Vertrags mit dieser Welt gekommen. Ans Ende meines Vertrags mit der Sprache. Und ich kann nur sagen, ich habe diese Welt geliebt, obwohl sie mich so gekränkt hat. Dass ich dem Herrn jeden Tag dankbar war für Seinen Segen und Seine sanfte Gnade. Dass ich um die Herrlichkeit jeder Morgenröte weiß.

MANN OHNE NAMEN *entsichert die Pistole.* War's das?

ADA Noch nicht ganz.

In der Schlucht beginnt es zu regnen. Blitz und Donner.

ADA Oh, Götter! Falls ihr mir zuschaut, lacht ihr bestimmt über diese arme Frau, die versucht hat, ihr Schicksal zu ändern! Es war reine Idiotie! Alles! Jeder Atemzug und Schlag meines Herzens! Die Dichter! Ich muss mein Leben ändern!

MANN OHNE NAMEN Weiter.

ADA Letzter Teil. Götter. Wenn ich euch sehe, dann sagt mir doch. Woher kommt der Donner?!?

Pause.

ADA Das war der Schluss.

MANN OHNE NAMEN Entschuldige. Weiter. *Er macht sich bereit, zu schießen.*

ADA Ich sag es noch einmal. Wenn ich euch sehe, dann sagt mir doch: WOHER KOMMT DER DONNER?!? Jetzt los.

Er erschießt sie. Sie nutzt die ganze Bühne. Zum Abschluss. Sie nimmt sich sehr viel Zeit, um zu sterben. Er schießt in ihren toten Körper. Sie bäumt sich etwas zu sehr auf. Er spuckt auf sie und geht. Stille. Der Regen hört auf.

ADA War das okay? *Sie wischt sich das Blut aus den Augen. Sie kann sehen.*

PRODUKTIONSASSISTENTIN *nur ihre Stimme* Das war gut.

ADA *steht auf.* Ich glaube, ich hätte etwas hintergründiger sein können.

PRODUKTIONSASSISTENTIN *nur ihre Stimme* Das reicht schon.

ADA Darf ich es noch einmal machen? Ich glaube, ich kann den Text noch besser bringen. Den Teil, der so ging: »Jeder Atemzug, jeder Schlag meines Herzens, die Dichter, ich muss mein Leben ändern.« Ich glaube, ich könnte das etwas besser machen. Mit mehr Intuition.

Die Produktionsassistentin kommt herein, schwarzer Overall. Headset und Clipboard.

PRODUKTIONSASSISTENTIN Deine Intuition war okay. Du kannst jetzt nach Hause gehen.

ADA Noch nicht.

PRODUKTIONSASSISTENTIN Tut mir leid. Du bist fertig.

ADA Zwingt mich nicht, nach Hause zu gehen.

PRODUKTIONSASSISTENTIN Es wird Zeit.

ADA Gebt mir nur noch eine Chance.

PRODUKTIONSASSISTENTIN Wir müssen weitermachen.

ADA Gebt mir nur ein bisschen mehr Zeit!

PRODUKTIONSASSISTENTIN Du bist fertig. Bitte, lass uns weitermachen. Wie geht's weiter?

ADA Wie geht es weiter für mich? Was soll ich jetzt machen? Niemand hat mir beigebracht zu leben. Ich weiß nicht, wie man lebt.

PRODUKTIONSASSISTENTIN Du wirst dich daran gewöhnen. Scheinwerfer!

Das Licht wird schwächer.

ADA Noch nicht! Mach die Scheinwerfer nicht aus.

PRODUKTIONSASSISTENTIN Tut mir leid.

ADA Gebt mir noch eine Chance. ICH KANN SO VIEL BESSER STERBEN!

PRODUKTIONSASSISTENTIN Manchmal gibt es keine zweite Chance.

Sie geht. Das Licht wird immer schwächer.

ADA Mach die Scheinwerfer wieder an. Bitte. Bitte, können wir noch mal von vorn anfangen. Bitte?

Die Scheinwerfer sind aus. Sie spricht im Dunkeln.

ADA BITTE! Bitte können wir mit allem noch mal von vorn anfangen?

Ein junger Mann tut's, wenn er kann,
Beim Himmel, 's ist nicht fein.
Ich bräch's auch nicht, beim Sonnenlicht!
Wärst du nicht kommen herein.
Und kommt er nicht mehr zurück?
Und kommt er nicht mehr zurück?

8. Szene

Das Apartment. Freitagnachmittag. Ada sitzt zugedeckt mit einer Decke in einem Sessel und schaut eine Folge von Woher kommt der Donner?. *Wir hören genug, um die Titelmelodie zu erkennen. Schließlich kommt Werbung.*

ADA Jeder Atemzug und jeder Schlag meines Herzens, die Dichter, ich muss mein Leben ändern. Ich habe keinen Text mehr, den ich sprechen könnte. Ist es das, was Menschen tun? Mit ihrem Leben? Von Stunde zu Stunde, ein- und ausatmen, ist es das, was sie mit ihrer Zeit anfangen? Warten, warten, warten, bis es zu Ende ist.

Die Serie läuft nach der Werbung weiter. Die folgende Szene jetzt sollte parallel zu dem Text der Serie laufen:

DR. ROBERTA Schwester Kitty, reichen Sie mir bitte das Skalpell.

KITTY Natürlich, Dr. Robert.

DR. ROBERTA Schwester Kitty!

ADA Oh, Dr. Roberta, Sie hätten diese Geschlechtsumwandlung nie machen dürfen. Die Welt wird Sie als Frau nicht anerkennen! Man kennt Sie so, wie Gott Sie geschaffen hat, als Mann. Und Schwester Kitty. Sie sind die dreckigste Schlampe, die ich je gesehen habe, lassen sich entjungfern von Bo, dieser Krankheit auf Beinen. Er ist ein billiger Zuhälter, nicht mehr, und Sie sind seine neueste Hure! Das hat mir für immer das Herz gebrochen. *Sie sieht sich selbst auf dem Bildschirm.* Da bin ich! Ich lebe noch! Gerade gehe ich in die Schlucht. Woher hätte ich wissen sollen, dass das der Schauplatz meines Todes sein wird?

Ophelia kommt in einem Hochzeitskleid herein.

ADA Harper, du lebst!

OPHELIA Ich bin nicht Harper, Mutter.

ADA Jeder Zentimeter an dir ist Harper, meinst du, eine Mutter erkennt ihre Lieblingstochter nicht?

OPHELIA Mutter, ich bin Ophelia. Du bist schon wieder durcheinander. Ich bin Ophelia. Dein Fleisch und Blut.

ADA Ophelia?

OPHELIA Ebendie.

ADA Warum sollte ich jemandem den Namen Ophelia geben?

OPHELIA Du hast gesagt, es war ein Witz.

ADA Und was für ein Witz. Ausgerechnet die beklopptеste Frau überhaupt, die sich selbst im Meer ihrer Verzweiflung ertränkt hat. Bist du meine Tochter?

OPHELIA Ja.

ADA Und warum trägst du so ein Kostüm?

OPHELIA Weil ich auf meiner Hochzeit war.

ADA Erinnerst du dich noch an meine fünfte Hochzeit in *Woher kommt der Donner*? Eine Seehochzeit. Nur die besten Schauspieler. Die Beleuchtung genauso.

OPHELIA Ja, Mutter. Willst du es noch mal sehen?

ADA Nein. Jetzt ist es Zeit, mich selbst sterben zu sehen. *Sie schaut sich zu.* Wieso war ich nicht da, um dich ihm zu übergeben?

OPHELIA Du warst wieder verwirrt. Ich hielt es für das Beste, wenn du zu Hause bleibst.

ADA Guck mal, das bin ich! Ich lebe noch!

OPHELIA Du lebst noch, Mutter.

ADA *schaut interessiert zu.* Harper. Die Freude meines Herzens ist jetzt tot. Ich will dich begraben, Liebling. *Sie fängt an, im Wohnzimmer zu graben.*

OPHELIA Mutter.

ADA Ich habe keine Schaufel.

OPHELIA Du fängst schon wieder an.

ADA NEIN! Ich nehme meine Hände dazu. *Sie gräbt auf dem Teppich am Boden, bis ihre Hände bluten.*

OPHELIA Du brauchst mich nicht zu begraben.

ADA Was soll ich sonst mit dir machen? Asche ins Meer? Was wäre dir lieber?

OPHELIA ICH LEBE!!!

Sie umarmt ihre Mutter. FEST.

ADA Ophelia.

OPHELIA Mutter.

ADA Meine einzige Tochter.

OPHELIA Deine einzige.

ADA Baby. Ich habe wieder angefangen.

OPHELIA Das weiß ich.

ADA Lass mich nicht los.

OPHELIA Nein.

ADA Lass mich niemals los. *Ada küsst ihre Tochter auf den Kopf. Sie lässt Ophelia los.* Also, wie ist die Hochzeit, an der ich nicht teilgenommen habe, gelaufen?

OPHELIA Er ist nicht gekommen.

ADA Wer? Dein Vater? ER WILL NICHTS VON DIR WISSEN!

OPHELIA ICH SPRECHE VOM VATER MEINES KINDES!

ADA Er wollte dich nicht.

OPHELIA Was?

ADA Er hat versucht, mich zu überreden.

OPHELIA Überreden wozu?

ADA Dass du nur eine Möglichkeit bleibst. ER HAT VERSUCHT, MICH ZU ÜBERREDEN, DICH ZU TÖTEN!

OPHELIA Mutter, du fängst wieder an.

ADA Alles, was ich wollte, war, dich zu sehen. Deine Augen sich in meinen Augen spiegeln zu sehen. Mein Blut im Herzen eines anderen wissen. UND ER HAT VERSUCHT, MICH ZU ÜBERREDEN!

OPHELIA Ich bin hier.

ADA Ich weiß.

OPHELIA Ich bin bei dir.

ADA Ich wünschte, du hättest einen Vater gehabt, Baby. Wirklich. Aber ich hatte einen. War nichts Besonderes.

OPHELIA Du hast nie von ihm erzählt.

ADA Gibt nicht viel zu erzählen. Meistens betrunken. Hat mich und meine Mutter geschlagen. Kam nur drauf an, wie fest und womit. Im Alter von zwölf habe ich zugesehen, wie er an einem Herzinfarkt starb. Und dann gab es nur noch mich und meine Mutter. Wir brauchen keine Väter. Nicht in dieser Familie. Wir haben absolut keinen Bedarf an Männern.

OPHELIA Meine Tochter aber!

ADA Sie wird eine Frau werden, die zu viel allein ist. Wie ich. Wie du. Dickköpfig und stolz. Eine Frau, die sich selbst erschafft und nicht nach dem Bild irgendeines unerwünschten Mannes. Schau, ich gehe an das Ufer des Flusses, an dem ich meinen kleinen Sohn begraben habe.

OPHELIA Ich brauche einen Vater.

ADA Warum? Als Gott die Menschen erschuf, hätte Er die Männer weglassen sollen. Das war vielleicht Sein größter Fehler. »Was habe ich getan?« Sollte sich Gott jemals diese Frage stellen, würde Er nicht mehr aufhören zu kotzen. Schau dir diese Welt an. Schau hin! Das hier soll das Beste sein, was Er tun konnte? Diese Welt ist grauenhaft misslungen.

OPHELIA Mutter. Hör zu.

ADA Was für eine grauenhafte Horrorshow. Jedes lebendige Ding schnappt nach Luft.

OPHELIA HÖR ZU! J. Eddie ist nicht gekommen. Ich habe eine Dreiviertelstunde gewartet. Ich dachte, vielleicht ist er im Verkehr stecken geblieben. Aber da war kein Verkehr. Ich dachte, vielleicht wurde er dringend aufgehalten. Ein Freund im Koma oder sonst was. Ich bin zu seinem Haus gegangen und habe an die Tür geklopft. Er wollte meinen Namen nicht sagen. Ich habe gesagt, was ist mit deinem Heiratsantrag? Er hat gesagt, welcher Heiratsantrag. Er ist nie vorbeigekommen, Mutter. Er ist nie hier gewesen. Ich habe das alles erfunden.

ADA Der Ring?

OPHELIA Deiner.

ADA Ich wusste, mir fehlt ein Stück an mir.

OPHELIA Ich steck ihn dir wieder an den Finger. *Sie tut es.*

ADA Jetzt bin ich wieder vollständig.

OPHELIA Jetzt bist du wieder vollständig.

ADA Du hast also keinen Vater für dein Kind.

OPHELIA Ich habe die ganze Sache erfunden.

ADA Dann bist du wie ich.

OPHELIA Ja, Mutter. Ich bin wie du.

ADA Du kannst an Dinge glauben, die es nicht gibt.

OPHELIA Das kann ich.

ADA Und vertrau mir darin. Die Dinge, die du in deinem Kopf erschaffst, sind so viel besser als die wirklichen Dinge selbst. In unseren Köpfen können wir die Wirklichkeit verbessern.

OPHELIA Und nichts davon ist wirklich passiert. Es gab keinen Heiratsantrag. Es gab keine Hochzeit.

ADA Ja. Aber in deinem eigenen Kopf war alles perfekt?

OPHELIA War es. In meinem eigenen Kopf. Alles war perfekt.

ADA Da hast du es. Perfektion, mein Liebling, kann nur in deinem eigenen Kopf existieren. Wirklichkeit? Ich habe kein Bedürfnis danach. Absolut kein Bedürfnis nach dem, was wirklich ist.

OPHELIA *berührt Adas Kopf.* Mutter, das hier ist wirklich.

ADA Was denn?

OPHELIA Meine Hand auf deinem Gesicht. Das ist wirklich.

ADA Das ist wirklich. Das hier ist wirklich, okay? Ich hab es gesagt. *Ada schaut sich mit größtem Interesse wieder die Serie an.* Wie darf ich Sie nennen, Fremder?

OPHELIA Ich habe keinen Namen.

ADA Müssen Sie aber, jeder hat einen.

OPHELIA Ich nicht. Ich habe nie einen Namen bekommen.

ADA Dann sind Sie einzigartig auf der Welt, Fremder, denn sonst hat alles auf der Erde einen Namen.

OPHELIA Meine Mutter ist nicht dazu gekommen, mir einen Namen zu geben.

ADA Das tut mir leid. Sonst hat alles auf der Erde einen Namen, nur Sie nicht.

OPHELIA Ich nicht.

ADA Was machen Sie mitten in der Nacht in dieser einsamen Schlucht?

OPHELIA Ich musste noch etwas zu Ende bringen.

ADA Was müssen Sie zu Ende bringen, in einer Schlucht neben dem ausgetrockneten Flussbett?

OPHELIA WIR SIND NICHT ERFUNDEN! ICH BIN DEINE TOCHTER! ICH BIN DEIN BLUT!

ADA Habe ich wieder angefangen?

OPHELIA Du hast mehr als angefangen.

ADA Was muss ich tun?

OPHELIA Mama, ich finde, es ist Zeit für dich, ins Heim zurückzugehen. Birkenhof. Weißt du noch?

ADA Wo sie mich festgebunden und mir Strom ins Hirn gejagt haben? Nein, danke. Schau mal. Siehst du? Das war die ganze Zeit Bathsheba! Kaum zu glauben, ich habe sie wieder verwechselt.

OPHELIA *am Telefon* Kann ich mit Doktor Robert sprechen?

ADA Doktor Robert? Der ist umgepolt, das ist Doktor Roberta.

OPHELIA Nicht dieser Doktor Robert.

ADA Was gibt es für einen anderen Doktor Robert? Die Welt wird ihn als Frau nicht akzeptieren. Arme Doktor Roberta.

OPHELIA Hallo? Hier ist Ophelia. Es geht um meine Mutter. Ich glaube, ich muss sie zurückbringen. Ich weiß nicht, für wie lange. Okay? Bis gleich. Komm schon, Mutter.

ADA Verreisen wir?

OPHELIA Wir verreisen.

ADA Was erwartet man da von mir?

OPHELIA Nichts.

ADA Was muss ich mitnehmen?

OPHELIA Nur das, was du anhast.

ADA Guck mal! Mein Sohn. Ich hätte ihn töten sollen, als ich die Gelegenheit dazu hatte. Mein Gott, wenn ich noch mal von vorne beginnen könnte. Es ist mein Fehler. Ich hätte ihn erledigen sollen.

OPHELIA Wir müssen gehen. Es ist nur vorübergehend, Mutter.

ADA Warte. Das ist meine letzte Rede.

OPHELIA Ich hole dich in sechs Monaten wieder nach Hause.

ADA Wie schön.

OPHELIA Dann ist mein Kind schon da.

ADA Blindheit.

OPHELIA Ich werde für dich sorgen.

ADA Es musste mit Blindheit enden.

OPHELIA Wir werden füreinander sorgen.

ADA Jetzt. Jetzt. Du bist er. Nimm deine Hand als Pistole. Richte die Pistole auf mich!

OPHELIA Nein, Mutter. Das werde ich nicht tun.

ADA Richte die Pistole auf mich!

Ophelia gibt nach.

ADA Geht doch. Perfekt. *Ada spricht kurz mit sich selbst.* Ich bin bereit. *Sie stellt den Fernseher lauter. Sie spricht denselben Text darüber, etwas später, manchmal nur leicht, manchmal gleichzeitig. Wenn sie vorher übertrieben gespielt hat, dann spricht sie jetzt ganz schlicht.* Und jetzt bin ich ans Ende meines Vertrags in dieser Welt gekommen. Ans Ende meines Vertrags mit der Sprache. Und ich kann nur sagen, ich habe die Welt geliebt, obwohl sie mich so gekränkt hat. Dass ich täglich dem HERRN gedankt habe für Seinen Segen und Seine milde Gnade. Dass ich um die Herrlichkeit und die Gnade jeder Morgenröte weiß. Entsichere die Pistole.

OPHELIA *entsichert die Pistole, die ihre Hand ist.* Ist das das Ende?

ADA Noch nicht ganz.

Es fängt im Zimmer an zu regnen. Donner. Blitze.

ADA Oh, Götter. Falls ihr zuschaut, dann lacht ihr bestimmt über diese arme alte Frau, die versucht hat, ihr Schicksal zu ändern! Es war die reine Idiotie! Das Ganze. Jeder Atemzug und jeder Herzschlag! Die Dichter! Ich muss mein Leben ändern!

OPHELIA Bitte, Mutter. Letzter Teil.

ADA Götter. Wenn ich euch sehe, dann sagt mir doch: Woher kommt der Donner? *Sie macht den Fernseher aus.* Jetzt habe ich keinen Text mehr. Jetzt, wo mich die Poesie verlassen hat. Vielleicht fange ich an, die Worte zu sagen, die ich fühle.

Stille.

ADA Erschieß mich.

OPHELIA Das tue ich nicht.

ADA Erschieß mich!

OPHELIA Peng.

ADA Das war nur eine Fleischwunde, erschieß mich noch mal!

OPHELIA Peng!

ADA Daneben. *Ada kommt näher.*

OPHELIA Peng!

ADA Wieder daneben. *Ada drückt die Pistole gegen ihre Schläfe.* Erschieß mich! ICH WILL NICHT LEBEN!

OPHELIA Peng, peng, PENG, PENG, PENG, PENG!

Ada stirbt ganz schlicht. Sie fällt in sich zusammen, als ob der Wind ihre Seele verlassen hätte.

OPHELIA Mutter. Mutter. MUTTER!

ADA *vom Boden aus* Das war einfach, oder?

OPHELIA Es war einfach.

Ada steht auf.

OPHELIA Los komm, lass uns verreisen.

ADA Ich liebe schöne Reisen. Werde ich erwartet?

OPHELIA Du wirst erwartet.

ADA Ich werde einen starken Auftritt haben.

Sie probiert ihren Auftritt.

OPHELIA Den stärksten Auftritt überhaupt.

ADA Es ist schön, erwartet zu werden.

Die Fruchtblase platzt.

ADA Harper, du bist wirklich zu alt, um auf den Teppich zu pinkeln. Das wischst du gefälligst selbst weg.

OPHELIA Ich habe nicht auf den Teppich gepinkelt.

ADA Und wie erklärst du dir die Schweinerei?

OPHELIA Mein Baby kommt.

ADA Dein Baby?

OPHELIA Es trägt deinen Namen.

ADA Natürlich! Ada. Neue Folge. *Ada geht im Kreis um Ophelia herum, die sich nicht bewegt.* Wieso habe ich das nicht früher gesehen? Ich werde wiedergeboren. Jetzt, wo ich tot bin. Ich werde wiedergeboren. EINE ZWEITE CHANCE! Das ist eine Wiedergeburt. Keine Auferstehung. Es ist eine vollkommen neue Geburt.

Sie geht und geht im Kreis und spricht mit sich selbst. Es regnet im Raum. Blitz, Donner.

ADA Ich lebe noch.

Das Licht geht, während Ada vor sich hin singt, langsam aus. Ophelia schaut hilflos zu. Kurz bevor es ganz dunkel wird, wird das Licht zu Stroboskoplicht. Ein Schlussblitz. Dann ist es dunkel, und im Dunkeln ertönt ein lauter Donnerschlag.

ENDE

»Ich kann viel zu viele Worte über Beckett sagen«

Noah Haidle im Gespräch

NINA PETERS *Mr. Marmalade* ist das erste Stück von Ihnen, das in Deutschland aufgeführt wurde, 2009 am Staatstheater Karlsruhe. Die Hauptfigur ist Lucy, sie hat eine lebhafte Fantasie und einen Fantasiefreund, der Drogen nimmt und sie nicht besonders gut behandelt. Lucy ist vier Jahre alt. Wie kamen Sie dazu, über eine Vierjährige zu schreiben?

NOAH HAIDLE Glücklicherweise oder unglücklicherweise hat sich diese vierjährige Lucy aus ganz zweckmäßigen Umständen heraus ergeben. Ich war damals mit einer Schauspielerin zusammen, die sehr jung aussah und mir sagte, dass sie immer davon geträumt habe, mit einem Ballettutu auf der Bühne zu stehen. Also habe ich dieses Stück für sie geschrieben. Ich würde gerne einen erhabeneren Inspirationsmoment nennen, aber ehrlich gesagt wollte ich sie einfach glücklich machen. Ich habe gehört, dass Jean-Paul Sartre *Geschlossene Gesellschaft* deshalb geschrieben hat, weil er mit drei Schauspielern befreundet war und nicht wollte, dass einer von ihnen auf den anderen neidisch ist, weil der länger auf der Bühne steht als er selbst. Also beschrieb Sartre die Hölle als ein Wohnzimmer, das keiner verlassen kann. Und ich habe über ein vierjähriges Mädchen im Tutu geschrieben, um meiner Freundin eine Freude zu machen.

NINA PETERS Die amerikanische Theaterpraxis scheint eher einem Bühnenrealismus zu folgen: Hatten Sie nicht Sorge, dass Regisseure Lucy mit einem Kind besetzen würden?

NOAH HAIDLE Nein. Jeder Beteiligte wäre dann sicher verhaftet worden.

NINA PETERS An welchem Punkt in Ihrem Leben wussten Sie, dass Sie für das Theater schreiben wollen?

NOAH HAIDLE Ich war 17 und hatte vorher nie ein Theaterstück gesehen. Und als ich es tat, dachte ich, das möchte ich mit meinem Leben machen. Der Grund, warum ich für das Theater schreibe, hat sich über die Jahre immer wieder verändert, und heute glaube ich, dass das Theater den Menschen eine Möglichkeit bietet, um mit vereinter Aufmerksamkeit zusammenzukommen, und dass diese kollektive Aufmerksamkeit einem weltlichen Gottesdienst nahekommt.

NINA PETERS Wenn ich versuche, einige Begriffe zu finden, die in Ihren Stücken aufscheinen, dann sind das: eine Balance zwischen Tragik und Komik, die komischen und genauen Dialoge, eine wunderbare Leichtigkeit, aber auch Trauer und Schmerz. Jede Figur scheint irgendjemanden oder irgendetwas verloren zu haben. Wissen Sie, warum?

NOAH HAIDLE Ich habe nie darüber nachgedacht, dass jede Figur irgendetwas oder irgendjemanden verlieren soll, deshalb ist die Antwort einfach: Ich habe keine Ahnung, warum. Ich habe nie Kritiken oder Kommentare zu meinen Stücken gelesen. Ich fürchte mich davor, mir eines Prozesses bewusst zu werden, der für mich ein privater ist und der auch nicht vollständig erklärt werden kann. Gabriel García Márquez hat einmal eine Besprechung zu *Hundert Jahre Einsamkeit* gelesen, in der stand, »Frauen sind die treibende Kraft für die Ordnung, Männer die treibende Kraft für die Unordnung«. Nachdem er das gelesen hatte, so García Márquez, habe er Männer und Frauen nie mehr auf die gleiche Weise geschrieben.

NINA PETERS In Ihrem Stück *Saturn kehrt zurück*, das im Herbst 2012 am Staatstheater Nürnberg deutschsprachig aufgeführt wurde, sieht man einen Mann in drei Lebensphasen, im Alter von 28, 58 und 88. In einer Regieanweisung schreiben Sie, es sei denkbar, dass diese Männer auch einmal gleichzeitig auf der Bühne stehen. Die Vergangenheit scheint immer präsent zu sein in Ihren Stücken und Ihren Figuren. Können Sie etwas über dieses Erzählverfahren sagen?

NOAH HAIDLE Mit den Worten von Gram Parsons, einem Musiker, der Honky Tonk und Rock 'n' Roll zusammenbrachte: »Das Beste, was wir tun können, ist, von der Vergangenheit zu lernen und unser Leben so zu leben, dass wir eines Tages zu eigenständigen Menschen werden, zu dem Zeitpunkt nämlich, wenn wir beginnen, die Dinge zu ändern: und nicht krank sind oder verfolgt von dem, was das Leben uns angetan hat. Wir haben den Vorteil, dass wir genaue Vorbilder dafür haben, was passieren kann, wenn Menschen es zulassen, dass das Leben sie so durcheinanderbringt und sie keinen Ausweg mehr sehen. Unsere Lebenszeit kann sehr schön sein, wenn wir so aufrecht sind, dass es keine Lügen mehr gibt oder Schatten, vor denen wir Angst haben ... das erfordert sehr viel Arbeit, Wissen und Liebe.«

NINA PETERS Wollen Sie im Theater berührt werden?

NOAH HAIDLE Ja, in erster Linie.

NINA PETERS Als Dramatiker scheinen Sie weniger an einem glücklichen Ausgang Ihrer Geschichten interessiert zu sein, in der Regel nehmen diese eine denkbar schlimme Entwicklung. Und die Figuren versuchen, mehr oder weniger erfolgreich, damit umzugehen. Ist es das, was Sie erzählen wollen?

NOAH HAIDLE Ja.

NINA PETERS Viele Ihrer Stücke spielen in Grand Rapids in Michigan, wo Sie geboren wurden und aufgewachsen sind. Was ist das für ein Ort: für Sie und für die Figuren in Ihren Stücken?

NOAH HAIDLE Grand Rapids klingt wie ausgedacht. Eine Stadt aus einer amerikanischen Sitcom aus den 1950er Jahren. Erstaunlicherweise gibt es dort überhaupt keine Hasen. Das Land ist flach, und es ist dort sehr, sehr kalt, die Winter dauern länger als fünf Monate. Es gibt ein Sprichwort: Kein

Gras ist so grün wie das Gras in den Hinterhöfen deiner Kindheit. Hier begegne ich einem bestimmten Gleichmut des Mittleren Westens, dem lustigen Akzent – wie in dem Film *Fargo* der Gebrüder Coen –, dem rauen Klima, das das Leben der Menschen hier bestimmt. Mit der Zeit hoffe ich, dass ich in Grand Rapids Stücke meiner Fantasie ansiedeln kann, sodass die Figuren sich überschneiden und Teil der anderen Stücke werden. Und ich einen imaginierten Grundbesitz schaffe, der allein mir gehört.

NINA PETERS In Ihren Stücken scheint die Theaterliteratur von Shakespeare, Tschechow, besonders aber von Beckett auf. Können Sie zu Beckett ein paar Worte sagen?

NOAH HAIDLE Ich kann viel zu viele Worte über Beckett sagen. Aus unterschiedlichen Gründen wünschte ich, ich hätte nie von ihm gehört. Ich glaube, wenn man etwas wahrhaft Originäres schafft, nimmt man der Welt während des Schaffensprozesses etwas. Beckett hat sich so viel aus der Welt genommen, hat diesem einen Namen gegeben und es sich zu eigen gemacht. Und er nutzte das Theater, wie es genutzt werden sollte, ohne zu behaupten, das sei nun »echt«, sondern als eine plastische, gestaltbare Form, indem er Welten erschuf, die unserer ähnlich sind, und die wir betrachten können, so wie Außerirdische die Menschen betrachten würden, wenn sie hier landeten. Becketts Genauigkeit und die Kontrolle, die er über Sprache ausübte, ist mathematisch, seine Ideen sind tief, ohne prätentiös zu sein, sein Humor umwerfend komisch, ohne anbiedernd zu sein. Für mich ist er einfach der größte Schriftsteller des 20. Jahrhunderts. Ich lese fast zu viel in seinen Büchern und versuche zu lernen, was ich kann, aber das Problem mit dem Genie ist, dass man es nur nachahmen kann, aber nie lernen. Ich wünschte mir, ich hätte ihm einmal die Hand gegeben, mit ihm vier Stunden schweigend über Fisch zum Abendessen gesessen und mit ihm Billard gespielt und Schach und den Geruch der Räume geatmet, in denen er gelebt hat. Ich liebe ihn.

(Das Gespräch fand im Frühjahr 2012 statt. Deutsch von Nina Peters)

Stücke von Noah Haidle bei Suhrkamp

Mr. Marmalade
2 D, 4 H
Uraufführung: 25. April 2004, South Coast Repertory in Costa Mesa, Kalifornien, USA
Regie: Martin Benson
New Yorker Premiere: November 2005, Roundabout Theatre Company
Regie: Todd Haimes
Deutsche Erstaufführung: 4. April 2009, Badisches Staatstheater Karlsruhe
Regie: Thomas Krupa

Saturn kehrt zurück
Originaltitel: Saturn Returns
1 D, 3 H
Uraufführung: 11. Oktober 2008, South Coast Repertory in Costa Mesa, Kalifornien, USA
Regie: Nicholas Martin
Deutsche Erstaufführung: 19. Oktober 2012, Staatstheater Nürnberg
Regie: Jean-Claude Berutti

Ada und ihre Töcher
Originaltitel: What Is the Cause of Thunder?
2 D
Uraufführung: 22. Juli 2009, Williamstown Theatre Festival/ Massachusetts, USA
Regie: Nicholas Martin

Skin Deep Song
3 D, 2 H
Uraufführung: 1. Februar 2013, Schauspiel Essen
Regie: Thomas Krupa

Lucky Happiness Golden Express
3 D, 2 H
Uraufführung: 20. September 2013, Staatstheater Kassel
Regie: Thomas Bockelmann

Noah Haidle, geboren 1978 in Michigan, ist Dramatiker und Drehbuchautor und lebt in Detroit. Haidle studierte an der Princeton University und der Juilliard School. Seine Stücke wurden u. a. in New York uraufgeführt (Auswahl: Lincoln Center Theatre, The Roundabout Theatre Company, The Rattlestick Playwrights Theatre) sowie am Goodman Theatre in Chicago, The Huntington Theatre in Boston, The Long Wharf Theatre in New Haven und The Woolly Mammoth Theatre Company in Detroit. Sein jüngstes Stück, *Smokefall*, wurde im April 2013 am South Coast Repertory Theatre in Kalifornien uraufgeführt und feierte zudem im Herbst 2013 im Goodman Theatre in Chicago Premiere. Zu seinen erfolgreichsten Stücken zählt u. a. *Mr. Marmalade*, für das er in den USA mehrfach ausgezeichnet wurde. Haidle schrieb das Drehbuch zu dem Hollywood-Film *Stand Up Guys* mit Christopher Walken, Al Pacino und Alan Arkin (Regie: Fisher Stevens, USA 2013).